CON JESÚS A LA CRUZ

Guía cuaresmal a las lecturas
de las misas dominicales: Año A

Guía de grupos pequeños
para líderes e individuos

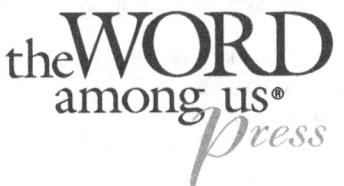

Copyright edición en español © 2020 por The Evangelical Catholic
Todos los derechos reservados.

Publicado por The Word Among Us Press
7115 Guilford Drive, Suite 100
Frederick, Maryland 21704
www.wau.org

24 23 22 21 20   1 2 3 4 5

Nihil obstat: Mons. Michael Morgan, J.D., J.C.L.
Censor Librorum
26 de octubre de 2016.

Imprimátur: Su Excia. Rvdma. Mons. Felipe J. Estévez,
Obispo de Saint Augustine
26 de octubre de 2016.

ISBN: 978-1-59325-396-7

Publicado originalmente en inglés con el titulo:
*With Jesus to the Cross: A Lenten Guide on the Sunday Mass Readings,
Year A: Leader/Individual*
Copyright © 2016 por The Evangelical Catholic

Traducción al español: Luis Baudry-Simón

Los textos de las Escrituras son tomados de la *Biblia de Nuestro Pueblo*.
© 2016 por Loyola Grupo de Comunicación. Usado con permiso.
Todos los derechos reservados.

Extractos de la traducción al español de *Catecismo de la Iglesia Católica* ©
Liberia Editrice Vaticana.

Diseño de portada de Andrea Alvarez
Imagen de portada: Compassion I. 1897
William-Adolphe Bouguereau (1825–1905)
Ubicación: Museo de Orsay, Paris, Francia
Crédito de fotos: © RMN-Grand Palais/Art Resource, NY

Ninguna parte de esta publicación puede reproducirse, almacenarse en un sistema de recuperación o transmitirse en cualquier forma o por cualquier medio (electrónico, mecánico, fotocopia, grabación u otro), excepto citas breves en revisiones impresas, sin la autorización previa del autor y el editor.

Contenido

Introducción 5

Cómo usar esta guía 9

1º domingo de Cuaresma: Entra en el desierto 15

2º domingo de Cuaresma: Fuerza para el viaje 27

3º domingo de Cuaresma: Experimenta el agua viva 37

4º domingo de Cuaresma: Vive en la luz 47

5º domingo de Cuaresma: Una cuestión de vida o muerte .. 59

Domingo de Ramos: La Pasión del Señor 71

Domingo de Pascua: Vayan a Galilea. 85

Apéndices para los participantes 99

    Apéndice A: Guía para la discusión en grupos pequeños 100

    Apéndice B: Guía para buscar a Dios en la oración y las Escrituras. 103

    Apéndice C: Una guía para el Sacramento de la Reconciliación. 113

Apéndices para los facilitadores.................116

    Apéndice D: La función de un facilitador........117

    Apéndice E: Dirigiendo la Oración y
«Conexión a la Cruz esta Semana»:...........124

    Apéndice F: Una guía para cada sesión
de *Con Jesús a la Cruz, Año A* 131

Introducción

Pero ahora —oráculo del Señor,
  conviértanse a mí de todo corazón,
con ayuno, con llanto, con luto.
  Rasguen los corazones y no los vestidos;
conviértanse al Señor su Dios,
  que es compasivo y clemente,
paciente y misericordioso,
  y se arrepiente de las amenazas.

—Joel 2:12-13

¡Ha llegado el momento! ¡El momento es ahora! La hora está sobre ti, sin importar tus errores pasados o la dificultad de tus circunstancias actuales, o incluso si tu espíritu se siente distante de Dios o tu corazón se siente endurecido. «Pero ahora», el Señor llama, «conviértanse a mí de todo corazón».

La súplica de Dios es directa y simple: te quiere cerca de él. Él te anhela como un padre o una madre anhela un hijo perdido. Dios te está pidiendo que dejes lo que haces normalmente y te tomes el tiempo de esta Cuaresma para descubrir lo que Él significa en tu vida y lo que podría significar.

La turbulencia interior que tanta gente experimenta hoy nos dice que las promesas del mundo no satisfacen el hambre más profunda de nuestros corazones. Todos repetimos las mismas preguntas: «¿Por qué me esfuerzo tanto? ¿Qué estoy buscando? ¿Cómo puedo encontrar la verdadera vida, un propósito y la realización?». Estos pensamientos persisten porque no pueden ser contestados sin Dios o sin una relación con Jesús que nos permita escuchar la voz de Dios en la suya.

Jesús quiere esa relación contigo. Este libro te ayudará a buscarlo como él te busca, reflexionando sobre las lecturas de la Misa del domingo de Cuaresma, ya sea solo o en grupo pequeño. Si entras «con todo tu corazón», serás capaz de responder a la llamada de Jesús a la conversión. «El tiempo se ha cumplido y el Reino de Dios está cerca; arrepiéntanse y crean en la Buena Noticia» (Marcos 1:15). Esas fueron las primeras palabras de Jesús cuando comenzó su ministerio público. En griego bíblico, «arrepentirse» se dice *metanoia*, que significa «cambia tu mente y tu corazón». La conversión del corazón es el núcleo del evangelio.

El encuentro con Jesús hace posible ese cambio. Él puede transformar nuestros corazones, si lo dejamos entrar. El reino de Dios irrumpió en el mundo físico a través de él de una manera completamente nueva y sin precedentes. En Jesús la plenitud de Dios se hizo presente, tangible y accesible para ti y para toda la familia humana. Y él todavía está contigo: «Yo estaré con ustedes siempre, hasta el fin del mundo» (Mateo 28:20). Si eres parte de un grupo pequeño, él estará allí: «Donde dos o tres están reunidos en mi nombre, allí estoy yo en medio de ellos» (18:20).

Si creemos que esto es verdad, que el Señor ha venido, que el reino de Dios está cerca porque Jesús está verdaderamente con nosotros, entonces ¿qué más querríamos hacer sino conocerlo y acercarnos a él?

Reflexionar sobre las Escrituras nos abre la realidad de quién es Jesús. Una vez que llegamos a conocer su amor —un amor tan grande que perdonó a las personas que lo estaban crucificando mientras lo crucificaban— queremos entregarle toda nuestra vida. Él nos extiende el amor que perdonó incluso a los que lo crucificaron en la cruz. Buscándole, encontramos la misericordia que anhelamos y la gracia de perdonar a los demás. Jesús sana no sólo nuestros propios corazones, sino a través de nosotros, a veces incluso los de nuestros enemigos, nuestras familias y nuestros amigos. Él es nuestro camino hacia la paz.

Jesús es también el que corrige cualquier impresión errónea que podamos tener sobre Dios Padre: que Dios quiere castigarnos o nos menosprecia por habernos alejado, o que es una superpotencia fría y distante en lugar de una persona que nos ama. A través de la relación de Jesús con su Padre, vemos que Dios no es alguien que está en el cielo anotando, contando nuestros errores y sopesándolos contra nuestros méritos. La Cuaresma no es un tiempo en que Dios quiere castigarnos por nuestra culpabilidad, sino un tiempo en que él quiere darnos la bienvenida a casa, como el Padre en la historia del hijo pródigo (Lucas 15:11-32).

Volver a casa requiere averiguar qué es lo que se interpone en nuestro camino y nos impide disfrutar de una relación amorosa con Dios. El autoexamen que anima la Cuaresma rompe las barreras que ni siquiera sabemos que existen en nuestros corazones y mentes. Entonces se hace posible la verdadera comunión.

Es por eso que una Cuaresma espiritualmente fructífera requiere más que dejar el chocolate o la cafeína. Los signos externos y los rituales juegan un papel: ayudan a que nuestra transformación interior suceda y manifieste ese cambio en nuestras vidas. Pero el Señor dice a través de Joel: «Rasguen los corazones y no los vestidos». Eso significa morir a la tiranía del yo y todo lo que obstaculiza nuestro viaje espiritual o socava o inhibe la plena comunión con nuestro Dios amoroso.

Oramos con la Iglesia para que la Liturgia de la Palabra penetre en tu corazón de una manera nueva este año, dando frutos que perdurarán para siempre en el reino de Dios. El momento es ahora. Vuelve al Señor con todo tu corazón a través de la penitencia cuaresmal, la limosna y la oración para que puedas experimentar plenamente el gozo de la resurrección en esta Pascua.

Cómo usar esta guía

Bienvenido a *Con Jesús a la Cruz: Año A*, una guía para grupos pequeños para ayudarte a conocer a Jesús de Nazaret más profundamente y comprender más a fondo lo que su muerte y resurrección significan en tu vida.

Sesiones semanales

Las sesiones semanales usan las lecturas de las misas dominicales de Cuaresma para ayudarte a entrar en el misterio de la vida, el sufrimiento y la resurrección de Cristo, la fuente de nuestra salvación.

Cada sesión incluye oraciones iniciales y conclusivas, los pasajes de las Escrituras que se discutirán esa semana, preguntas para la discusión, ideas para la acción y pautas de oración para ayudarte durante la semana. A veces se incluyen extractos de textos de santos, papas u otros grandes maestros que arrojan luz sobre el mensaje del evangelio.

Las sesiones en esta guía son autónomas. Si tú o un amigo asisten por primera vez en la semana 3, no habrá necesidad de «ponerse al día». Cualquiera puede simplemente sumergirse directamente con el resto del grupo. Al igual que con la Cuaresma, en lugar de construir secuencialmente, las sesiones se profundizan temáticamente, ayudándote a comprometerte más con Jesús y la cruz poco a poco.

Cuanto más tomes notas, anotes ideas o preguntas, subrayes los versículos de tu Biblia (si traes una a tu grupo pequeño, lo que recomendamos), y te refieras a las sesiones de semanas anteriores, más tendrá Dios la oportunidad de hablar contigo a través de la conversación y las ideas que él coloca en tu corazón. Al igual que con cualquier esfuerzo, cuanto más uno da, más se obtiene.

La mejor manera de aprovechar la discusión de cada semana es llevar el tema a tu vida siguiendo las sugerencias en la sección «Conexión con la Cruz esta Semana». Estas invitaciones a la oración le permitirán a Jesús iluminar tu corazón y tu mente tanto en los desafíos de la Cuaresma como en la alegría de la resurrección. Si estás conversando sobre las lecturas con un grupo pequeño, el animador (también llamado «facilitador») te dará la oportunidad de compartir experiencias de la semana anterior y hablar sobre las recomendaciones para la próxima semana durante cada sesión.

Cada sesión semanal incluye pasajes de las Escrituras para la meditación sobre el tema de las lecturas dominicales de esa semana, así como las lecturas diarias de la misa de la semana entrante. Puedes encontrarlos en tu Biblia, en línea (biblegateway.com, usccb.org, la aplicación YouVersion Bible y otros sitios), o usa cualquiera de las populares aplicaciones gratuitas que presentan lecturas diarias de la misa, como Laudate, iMissal e iBreviary. Toda la New American Bible (edición de la Biblia en inglés) está disponible en el sitio web de la Conferencia de Obispos Católicos de los EE. UU., usccb.org, así como las lecturas diarias, incluida una versión de audio en inglés (http://usccb.org/bible/readings-audio.cfm). Hay muchas ediciones de la Biblia en español disponibles en línea también.

Apéndices

Hay apéndices útiles tanto para los participantes como para los facilitadores, que complementan los materiales semanales. Los apéndices A a C son para los participantes, y los apéndices D a F son para los facilitadores grupales.

Antes de tu primera reunión grupal, lee el Apéndice A, «Guía de discusión en grupos pequeños». Estas pautas ayudarán a cada persona en el grupo a establecer un tono respetuoso que cree el espacio para encontrarse con Cristo juntos. Este grupo pequeño será diferente de otros grupos de discusión que pueda haber experimentado. ¿Es una conferencia? No. ¿Un club de lectura? No. El Apéndice A te ayudará a entender qué es este grupo pequeño y cómo puedes ayudar a buscar una discusión «dirigida por el Espíritu». Cada miembro es responsable de la calidad de la dinámica del grupo. Este apéndice te ayudará a cumplir tu función como miembro solidario e involucrado del grupo.

El Apéndice B es un recurso para mejorar y profundizar tu relación con Jesús a través de la oración con las Escrituras. Introduce la *lectio divina*, el antiguo arte de escuchar la voz de Dios en su palabra, y también incluye métodos y consejos adicionales para construir hábitos de oración y meditación de las Escrituras.

En el Apéndice C, encontrarás una guía del Sacramento de la Reconciliación, conocido comúnmente como Confesión. Este sacramento tiende un puente sobre el espacio que podemos sentir de parte de Dios y que puede provenir de una variedad de causas, entre ellas el pecado no arrepentido. La Iglesia alienta a los católicos a recibir este sacramento cada cuaresma, pero es muy útil recibirlo con mayor frecuencia. Si quieres acercarte más a Jesús y experimentar una gran paz, el Sacramento de la Reconciliación proporciona una vía rápida. Este apéndice ayudará a aliviar cualquier ansiedad, guiándote a través de los pasos de la preparación a la Confesión y a ir a la Confesión misma. También ofrece sugerencias de recursos en línea que proporcionarán preguntas para un examen de conciencia fructífero.

Mientras que los Apéndices A a C son importantes para participantes de grupos pequeños y facilitadores por igual, los Apéndices D a F apoyan a los facilitadores en su función. Un facilitador no es un maestro. Su función es animar la conversación, fomentar una discusión grupal fructífera y favorecer las dinámicas grupales.

El Apéndice D proporciona orientación y mejores prácticas para animar con éxito un grupo pequeño e incluye recomendaciones para cualquier dinámica de grupo difícil que pueda surgir. Encontrarás pautas sobre lo que hace funcionar un grupo: construir amistades genuinas, invocar al Espíritu Santo para que él sea el verdadero animador del grupo, y alentar la participación en formas naturales.

Los facilitadores deben leer el apéndice E mucho antes de la primera reunión. Tiene la guía que necesitas para dirigir la oración y fomentar la participación en la oración de los miembros del grupo. Si bien el material de cada sesión incluye una oración sugerida, este es solo material de apoyo. Es mucho mejor para el grupo orar espiritualmente con sus propias palabras. El Apéndice E ayudará al facilitador a lograrlo.

Aprender esta técnica es importante. Dará un ejemplo a los miembros del grupo cómo hablar con Jesús con sus propias palabras. Cerrar con una oración improvisada es una forma extremadamente valiosa de sellar el tiempo que pasaron juntos ofreciendo los descubrimientos, las preguntas, las tristezas y las alegrías de su conversación. El Apéndice E ayudará a los líderes a guiar al grupo desde sus comienzos donde podían sentirse más «incómodos» hasta una experiencia más profunda de la conversación con Dios.

El Apéndice E también ayudará al facilitador a incluir la sección «Conexión a la Cruz esta Semana» en la discusión de cada sesión. Proporciona sugerencias concretas sobre cómo alentar y apoyar a los miembros del grupo en su compromiso personal con los temas tratados. El facilitador juega un papel clave para ayudar a los participantes a permitir que Jesús se convierta cada vez más en el centro de sus vidas.

El Apéndice F proporciona notas detalladas para el líder para cada sesión de *Con Jesús en la Cruz, Año A*. Lee estas notas cuatro o cinco días antes de cada reunión grupal. Las notas te ayudarán a preparar cada sesión al proporcionar un resumen sobre el contenido y los problemas que se relacionan con la discusión de estos pasajes de las Escrituras en particular.

¡Disfruta la aventura!

DOMINGO DE CUARESMA

Entra en el desierto

Entonces Jesús, movido por el Espíritu, se retiró al desierto.
—Mateo 4:1

Oración inicial

Pídale a una persona leer la oración en voz alta mientras que demás oran en silencio.

> En el nombre del Padre, y del Hijo, y del Espíritu Santo.
>
> Dios todopoderoso,
> Padre de nuestro Señor Jesucristo.
> por el agua y el Espíritu Santo,
> nos liberaste del pecado
> y nos diste una nueva vida.
>
> Durante este tiempo de Cuaresma,
> envía tu Espíritu Santo una vez más
> para guiarnos hacia la soledad y la reflexión.
> Acompáñanos en la desolación del desierto,
> fortalécenos contra el maligno,
> y renuévanos en las aguas vivas de Jesús.

Danos un espíritu valiente y decidido,
un espíritu de sobriedad y humildad,
que podamos tener ojos para ver
la dolorosa realidad de nuestro pecado.

Lávanos de nuevo, oh Espíritu,
Y llénanos de asombro y temor en tu presencia.

Te lo pedimos por Cristo nuestro Señor.

Amén.

Discusión de apertura

1. ¿Alguna vez alguien ha hecho un viaje a un desierto u otro lugar duro o difícil? ¿Qué hicieron para prepararse para el viaje? Describan su experiencia. ¿En qué se diferenciaba de otros viajes? ¿Cómo los hizo sentirse el paisaje?

2. ¿Cómo se preparan para el tiempo de Cuaresma?

Escritura y Tradición

Pídele a una persona que lea el pasaje siguiente de la Escritura en voz alta.

Lectura

Mateo 4:1-11

[1]Entonces Jesús, movido por el Espíritu, se retiró al desierto para ser tentado por el Diablo. [2]Hizo un ayuno de cuarenta días con sus noches y al final sintió hambre. [3]Se acercó el Tentador y le dijo: «Si

eres Hijo de Dios, di que estas piedras se conviertan en pan». ⁴Le respondió: «Está escrito,

> *No sólo de pan vive el hombre,*
> *sino de toda palabra que sale de la boca de Dios».*

⁵Luego el Diablo se lo llevó a la Ciudad Santa, lo colocó en la parte más alta del templo ⁶y le dijo: «Si eres Hijo de Dios, tírate abajo, pues está escrito:

> *Ha dado órdenes a sus ángeles sobre ti;*

y

> *te llevarán en sus manos para que tu pie no tropiece en la piedra».*

⁷Jesús respondió: «También está escrito: *No pondrás a prueba al Señor*». ⁸De nuevo se lo llevó el Diablo a una montaña altísima y le mostró todos los reinos del mundo en su esplendor, ⁹y le dijo: «Todo esto te lo daré si te postras para adorarme». ¹⁰Entonces Jesús le replicó: «¡Aléjate, Satanás! Que está escrito:

> *Al Señor tu Dios adorarás, a él sólo darás culto».*

¹¹De inmediato lo dejó el Diablo y unos ángeles vinieron a servirle.

1. ¿Qué te llamó la atención en este pasaje?
2. Según el versículo 1, ¿por qué fue Jesús al desierto?
3. ¿Has estado alguna vez en un «lugar desierto» en el que te hayas estado sometido a tentaciones? ¿Cómo ocurrió esto?
4. Las tentaciones que Jesús enfrenta pueden parecer remotas para nuestras propias vidas. ¿Cómo podrían estas tentaciones ser relevantes para tu vida hoy, especialmente cuando te encuentras en un «lugar desierto»?
5. ¿Cómo pondrías en sus propias palabras lo que Jesús le dice al diablo en respuesta a la primera tentación (versículo 4)?
6. ¿Cómo podrías usar las Escrituras para desenmascarar y vencer la tentación? ¿Algún versículo en particular de las Escrituras ha sido útil en ese sentido?
7. Después de que Jesús resiste al diablo por tercera vez, ¿qué pasa? ¿Qué nos dice esto sobre el camino de la Cuaresma?

Lectura

Romanos 5:12-19

[12]Así como por un hombre penetró el pecado en el mundo y por el pecado la muerte, así también la muerte se extendió a toda la humanidad, ya que todos pecaron.[13]Antes de llegar la ley, el pecado ya estaba en el mundo; pero, como no había ley, el pe-

cado no se tenía en cuenta. ¹⁴Con todo, la muerte reinó desde Adán hasta Moisés, también sobre los que no habían pecado imitando la desobediencia de Adán —que es figura del que había de venir—.

¹⁵Pero el don no es como el delito. Porque si por el delito de uno murieron todos, mucho más abundantes se ofrecerán a todos el favor y el don de Dios, por el favor de un solo hombre, Jesucristo. ¹⁶El don no es equivalente al pecado de uno. Ya que por un solo pecado vino la condena, pero por el don de Dios los hombres son declarados libres de sus muchos pecados. ¹⁷En efecto, si por el delito de uno solo reinó la muerte, con mayor razón, por medio de uno, Jesucristo, reinarán y vivirán los que reciben abundantemente la gracia y el don de la justicia.

¹⁸Así pues, como por el delito de uno se extiende la condena a toda la humanidad, así por el acto de justicia de uno solo se extiende a todos los hombres la sentencia que concede la vida. ¹⁹Como por la desobediencia de uno todos resultaron pecadores, así por la obediencia de uno todos resultarán justos.

8. ¿Cómo dirías que has experimentado la «abundancia de gracia» (ver versículo 17) dada a través de la vida, muerte y resurrección de Jesús?

9. Si no sientes que has recibido esa gracia, ¿cómo puedes buscar y reclamar lo que San Pablo dice que ha sido abundantemente dado en Cristo?

Si tienes tiempo, lee el pasaje a continuación de Henri Nouwen en la página siguiente y reflexionen juntos sobre las preguntas. Pídele a una persona que lea el pasaje en voz alta.

De lo contrario, léelo usted mismo y piensa en las preguntas antes de la próxima sesión. Revisa las recomendaciones de «Conexión a la Cruz esta Semana» y cierre con la oración.

Conexión a la Cruz esta Semana

Oh, Señor, . . . ¿cuántas veces he vivido estas semanas de Cuaresma sin prestar mucha atención a la penitencia, el ayuno y la oración? ¿Cuántas veces me he perdido los frutos espirituales de este tiempo sin siquiera darme cuenta de ello? Pero, ¿cómo puedo celebrar realmente la Pascua sin observar la Cuaresma? ¿Cómo puedo regocijarme plenamente en tu resurrección cuando he evitado participar en tu muerte?

Sí, Señor, tengo que morir —contigo, a través de ti, y en ti— y así estar listo para reconocerte cuando te aparezcas ante mí en tu resurrección. Hay tanto en mí que necesita morir: la codicia y la ira, la impaciencia y la mezquindad. Oh Señor, soy egocéntrico, me preocupo por mí mismo, mi carrera, mi futuro, mi nombre y mi fama. A menudo incluso siento que te uso para mi propio beneficio. ¡Qué absurdo, qué sacrílego, qué triste! Pero sí, Señor, sé que es verdad. . . . Ahora veo claramente lo poco que he muerto contigo, realmente he seguido tu camino y he sido fiel a él. Oh Señor, haz que este tiempo de Cuaresma sea diferente de los demás. Déjame encontrarte de nuevo. Amén.

—Henri Nouwen[1]

---

[1] Traducido de Henri Nouwen, *A Cry for Mercy: Prayers from the Genesee* (New York, NY: Doubleday, 1981), 24-25 (disponible solo en inglés).

1. ¿Qué te habló en este pasaje?

2. ¿Alguno de los sentimientos de Nouwen te resulta familiar: cosas que también son verdaderas, de alguna manera, en tu vida? ¿Cómo?

Tómate unos minutos de silencio en casa para reflexionar en privado sobre las maneras en que eres tentado o necesitas dejar ir cualquier apego a la voluntad propia, al pecado, o a cualquier cosa que no sea de Dios. Es posible que al principio no los reconozcas. Pídele al Espíritu Santo que te lo revele. Escríbelo en un diario u otro lugar privado.

La Cuaresma es un tiempo en el que podemos evaluar nuestras vidas honestamente. La manera principal de hacer esto es en la oración. El tiempo con el Señor permite que Dios nos ayude a examinar nuestros corazones y nuestras mentes. Él nos muestra dónde quiere que crezcamos, cómo quiere que cambiemos, y las partes de nosotros mismos que le ocultamos.

La pregunta para la Cuaresma no es «¿Qué debo hacer para mejorarme a mí mismo?», sino más bien: «Dios, ¿cómo quieres hacerme más como tú? Sé que fui hecho a tu imagen y que puedo crecer a tu semejanza a través de Jesús, pero también sé que no siempre vivo como Jesús. Ayúdame a ver qué necesita cambiar, por dentro y por fuera. Quiero dejar que el Espíritu Santo entre en cada parte de mi vida». Como nos recuerda san Pablo: «Y nosotros todos, con el rostro descubierto, reflejamos, como en un espejo, la gloria del Señor, y nos vamos transformando en su imagen con esplendor creciente, bajo la acción del Espíritu del Seño» (2 Corintios 3:18).

Sólo Dios conoce la verdadera condición de nuestros corazones. Sólo Dios puede ayudarnos a ver lo que debemos superar. El salmista ora sabiamente: «Quién se da cuenta de sus propios errores? / Puríficame de culpas ocultas» (19:12). Si, por la gracia de Dios, reconocemos nuestras debilidades, todavía necesitamos desesperadamente el poder de Dios para cambiar. En última instancia, sólo Dios, ni siquiera nuestros mejores esfuerzos, pueden triunfar.

Esta semana, comprométete a pasar tiempo en oración. Encuentra espacios de tiempo en tu agenda en los que pueda pasar de quince a veinte minutos durante por lo menos dos o, mejor aún, tres o cuatro días. Luego «cierra la puerta» de tu habitación (Mateo 6:6) y habla con Dios. Pídele que siembre «sinceridad interior», el lugar secreto donde Dios puede «inculcarte sensatez» (Salmo 51:6). Pídele a Dios que te haga consciente de las faltas ocultas en tu vida y que te dirija hacia los sacrificios cuaresmales que realmente te llevarán de vuelta a Él.

Pídele a la Santísima Virgen María que interceda por ti, para que tengas el valor de verte a tí mismo con claridad. Usa los pasajes de las Escrituras en la siguiente página para ayudarte a reflexionar sobre tu vida, o usa las lecturas diarias de la Misa.

En la oración, comprométete a vivir los tres pilares de la Cuaresma: oración, ayuno y limosna. Crear tiempo y espacio para la oración requerirá en sí mismo un poco de «ayuno» de alguna otra actividad. Ábrete a las maneras en que el Espíritu Santo te guía a ayunar y a dar limosna. Cada semana de esta guía de discusión proveerá sugerencias específicas y pasajes de las Escrituras para la oración. Consulta el apéndice B para obtener orientación sobre cómo orar con las Escrituras.

Pasajes de las Escrituras para la Meditación

- Salmo 51
- Romanos 7:15-25
- Deuteronomio 7:25-8:5
- Santiago 4:1-10
- 1 Juan 1:5-10
- Juan 20:19-23

Lecturas de las misas de esta semana:

Lunes
- Levítico 19:1-2, 11-18
- Salmo 19:8-10, 15
- Mateo 25:31-46

Martes
- Isaías 55:10-11
- Salmo 34:4-7, 16-19
- Mateo 6:7-15

Miércoles
- Jonás 3:1-10
- Salmo 51:3-4, 12-13, 18-19
- Lucas 11:29-32

Jueves
- Ester C:12, 14-16, 23-25
- Salmo 138:1-3, 7-8
- Mateo 7:7-12

Viernes
- Ezequiel 18:21-28
- Salmo 130:1-8
- Mateo 5:20-26

Sábado
- Deuteronomio 26:16-19
- Salmo 119:1-2, 4-5, 7-8
- Mateo 5:43-48

Oración conclusiva

Pasen algún tiempo en oración espontánea en grupo. Para cerrar el tiempo de oración, haga que una persona lea la siguiente oración en voz alta mientras los demás oran en silencio.

En el nombre del Padre, y del Hijo, y del Espíritu Santo.

Señor de compasión infinita y amor inquebrantable, estamos ante ti con humildad y confianza.

Míranos con compasión mientras reconocemos nuestro pecado.

Extiende tu mano para salvarnos y levantarnos en tu bondad.

No permitas que el poder de las tinieblas triunfe sobre nosotros,
pero límpianos de nuestras faltas.
Como miembros del cuerpo de Cristo,
anhelamos ser ovejas de tu propio rebaño.
Te lo pedimos por medio de nuestro Señor Jesucristo, tu Hijo,
que vive y reina contigo y con el Espíritu Santo,
un solo Dios, por los siglos de los siglos.
Amén.

DOMINGO DE CUARESMA

Fuerza para el viaje

Delante de ellos se transfiguró: su rostro resplandeció como el sol y su ropa se volvió blanca como la luz.
—Mateo 17:2

Oración inicial

Pídele a alguien que ore con sus propias palabras, o lee la oración siguiente en voz alta lentamente mientras los demás oran en silencio.

En el nombre del Padre, y del Hijo, y del Espíritu Santo.

Te alabamos, oh Padre celestial,
Padre de nuestro Señor Jesucristo.
porque has prometido recordarnos.

«Señor Dios, santo amante de nuestras almas,
cuando llegas a nuestros corazones,
todo lo que está dentro de nosotros se regocija.

> Tú eres nuestra gloria y nuestro gozo,
> tú eres nuestra esperanza y refugio en el día de la angustia».[2]

Ilumina nuestra comprensión mientras leemos
y reflexionamos sobre tu palabra.
Envía tu Espíritu Santo para guiar nuestra discusión.
Concede que a través de este tiempo juntos,
podamos conocerte más verdaderamente y
lleguemos a amarte más plenamente.

Te lo pedimos por Cristo nuestro Señor.
Amén.

Discusión de apertura

Describe un momento en que te dieron algo y no pudiste pagar el regalo o favor. ¿Cómo te sentiste?

Escritura y Tradición

Pídele a una persona que lea el pasaje siguiente de la Escritura en voz alta.

Lectura

> Mateo 17:1-9
>
> [1]Seis días más tarde tomó Jesús a Pedro, a Santiago y a Juan y se los llevó aparte a una montaña elevada. [2]Delante de ellos se transfiguró: su rostro resplandeció como el sol y su ropa se volvió blanca

---

[2] Adaptado de Tomás de Kempis, *Imitación de Cristo*, Libro 3, Capítulo 5.

como la luz. ³De pronto se les aparecieron Moisés y Elías conversando con él. ⁴Pedro tomó la palabra y dijo a Jesús: «Señor, ¡qué bien se está aquí! Si te parece, armaré tres carpas: una para ti, otra para Moisés y otra para Elías». ⁵Todavía estaba hablando, cuando una nube luminosa les hizo sombra y de la nube salió una voz que decía: «Éste es mi Hijo querido, mi predilecto. Escúchenlo». ⁶Al oírlo, los discípulos cayeron boca abajo temblando de mucho miedo. ⁷Jesús se acercó, los tocó y les dijo: «¡Levántense, no tengan miedo!». ⁸Cuando levantaron la vista, solo vieron a Jesús.

⁹Mientras bajaban de la montaña, Jesús les ordenó: «No cuenten a nadie lo que han visto hasta que el Hijo del Hombre resucite de entre los muertos».

1. ¿Qué es lo que más te llama la atención de este pasaje de las Escrituras?

2. ¿Cuáles fueron los varios elementos de la visión que Pedro, Santiago y Juan experimentaron? ¿Cómo describirías lo que vieron los discípulos?

3. Este pasaje presenta a Moisés y Elías conversando con el Señor transfigurado. En la tradición judía, Moisés representa la Ley, y Elías, los profetas. ¿Qué aporta esto a tu comprensión de la Transfiguración?

4. ¿Cómo reaccionaron los discípulos a la visión? ¿Cómo se compara eso con la forma en que crees que podrías reaccionar?

5. ¿Cómo crees que esta visión afectó a los discípulos, tanto inmediatamente después como en los días venideros en Jerusalén?

6. ¿Alguna vez has experimentado un momento o tiempo de sentir la presencia de Dios con gran claridad? Si es así, ¿cómo afectó esa experiencia a tu fe, tanto entonces como ahora?

7. La vida y la fe están llenas de montañas y valles. ¿Qué te ayuda a aferrarte a Cristo en cada uno de estos tiempos?

8. Como discípulo de Cristo, ¿qué esperanza o aliento podrías tomar de este pasaje de las Escrituras?

9. ¿Cómo podrían las palabras de Jesús a sus discípulos, «¡Levántense, no tengan miedo!» (versículo 7), formar parte de la Cuaresma?

Pídele a una persona que lea el pasaje siguiente de la Escritura en voz alta.

Lectura

2 Timoteo 1:8-10

⁸No te avergüences de dar testimonio de Dios, ni de mí, su prisionero; al contrario con la fuerza que Dios te da comparte conmigo los sufrimientos que es necesario padecer por la Buena Noticia. ⁹Él nos salvó y llamó, destinándonos a ser santos, no por mérito de nuestras obras, sino por su propia iniciativa y gracia, que se nos concede desde la eternidad en nombre de Cristo Jesús. ¹⁰y que se manifiesta ahora por la aparición de nuestro salvador Cristo Jesús; quien ha destruido la muerte e iluminado la vida inmortal por medio de la Buena Noticia.

8. Pablo le dice a Timoteo que Dios nos salva «no por mérito de nuestras obras, sino por su propia iniciativa y gracia». ¿Esto cambia o influye en la manera en que ves a Dios, a ti mismo, o tu relación con Dios? ¿Cómo?

9. ¿Qué estímulo nos ofrece este pasaje de las Escrituras para la Cuaresma?

Conexión con la Cruz esta Semana

La gracia libre de Dios se ofrece más plenamente en la Eucaristía en la Misa. Dios se da tan libremente a sí mismo que los católicos pueden fácilmente dar por sentada esta ofrenda de intimidad con el Señor. Así como Dios escogió a Pedro, Santiago y Juan para caminar cerca de él, así también nos escoge a nosotros. Entramos en esa intimidad de una manera especial cuando recibimos la Eucaristía con atención y en oración.

Busca por lo menos un día de esta semana para asistir a la Misa diaria. (Masstimes.org tiene una lista de todas las Misas diarias y dominicales en muchas ciudades y pueblos de los Estados Unidos). Ora pidiendo experimentar más plenamente la Comunión, para estar más estrechamente unido a Cristo a través de este sacramento.

En tus momentos diarios de oración en casa, reflexiona sobre los pasajes de las Escrituras que aparecen en la página 31 o sobre las lecturas de la Misa diaria. Se proveen pasajes cada semana porque las Escrituras tienen el poder de transformar tu vida completamente. Orar con la Palabra de Dios te ayudará a escuchar lo que Dios tiene que decirte, individual y específicamente.

Para obtener ayuda para orar con la Escritura, consulta el Apéndice B, «Una guía para buscar a Dios en oración y en las

Escrituras». Esta guía comparte métodos que han ayudado a los cristianos durante los últimos dos milenios a crecer en amor y conocimiento de Dios.

Orar con las Escrituras le permitirá al Espíritu Santo moldear tu vida y te ayudará a escuchar la voz de Dios en tu corazón (ver Romanos 8:11). Si te acercas a las Escrituras con un corazón abierto a la voluntad de Dios, él te llamará la atención sobre las palabras o frases como un medio para introducir temas, sentimientos, transiciones en tu vida, y un sinfín de otras cosas de las que él quiere hablar contigo.

Cada una de las principales enseñanzas de la Iglesia y cada líder de la Iglesia promueve la lectura de las Escrituras precisamente porque es el medio principal por el cual Dios se comunica con nosotros. Hace posible un tipo de intimidad con Dios que no está disponible de otra manera. Esto es del *Catecismo de la Iglesia Católica*, que cita la Sección 25 del documento *Dei Verbum* del Concilio Vaticano II:

> La Iglesia «recomienda insistentemente a todos sus fieles . . la lectura asidua de la Escritura para que adquieran "la ciencia suprema de Jesucristo" (*Flp* 3,8). . . . Recuerden que a la lectura de la sagrada Escritura debe acompañar la oración para que se realice el diálogo de Dios con el hombre, pues "a Dios hablamos cuando oramos, a Dios escuchamos cuando leemos sus palabras" (DV 25; cf. San Ambrosio, *De officiis ministrorum*)». (2653)

Y esto es lo que el Papa Benedicto XVI dijo en tu encíclica *Verbum Domini:*

> Junto a los Padres sinodales, expreso el vivo deseo de que florezca «una nueva etapa de mayor amor a la Sagrada Escritura por parte de todos los miembros del Pueblo de Dios, de manera que, mediante tu lectura

orante y fiel a lo largo del tiempo, se profundice la relación con la persona misma de Jesús». (72)

El Señor mismo, como en los tiempos del profeta Amós, suscita entre los hombres nueva hambre y nueva sed de las palabras del Señor (cf Am 8,11). (91)

¡Tómate en serio estas palabras! Dedica tiempo para escuchar al Señor esta semana leyendo y orando con las Escrituras. ¡Escuchar a Dios te hará querer más! La oración engendra la oración, generando esa hambre por las Escrituras que el Papa Benedicto XVI quiere que todos los católicos experimenten. Usa los siguientes pasajes de las Escrituras o las lecturas diarias de la Misa para orar y reflexionar. Si algunos otros pasajes de las Escrituras te atraen, no dudes en orar con ellos. ¡Es el Espíritu Santo moviendo tu corazón! Consulta el apéndice B para obtener orientación sobre cómo orar con la Escritura

Pasajes de las Escrituras para la Meditación

- Mateo 6:7-15
- Mateo 7:7-14
- Jeremías 17:5-17
- Mateo 5:20-26
- Lucas 16:19-31
- Mateo 5:43-48

Lecturas de las misas de esta semana:

Lunes
- Daniel 9:4-10
- Salmo 78:8-9, 11,13
- Lucas 6:36-38

Martes
- Isaías 1:10, 16-20
- Salmo 50:8-9, 16-17, 21, 23
- Mateo 23:1-12

Miércoles
- Jeremías 18:18-20
- Salmo 31:5-6, 14-16
- Mateo 20:17-28

Jueves
- Jeremías 17:5-10
- Salmo 1:1-4, 6
- Lucas 16:19-31

Viernes
- Génesis 37:3-4, 12-13, 17-28
- Salmo 105:16-21
- Mateo 21:33-43, 45-46

Sábado
- Miqueas 7:14-15, 18-20
- Salmo 103:1-4, 9-12
- Lucas 15:1-3, 11-32

Oración conclusiva

El facilitador u otra persona debe invitar a los miembros del grupo a hablar directamente con Dios en breves oraciones espontáneas, ofreciendo la primera oración para «cebar la bomba». Una vez que haya silencio de nuevo, invita al grupo a rezar juntos el salmo de abajo. El grupo podía leer el salmo antifónicamente, como lo hacen los monjes, con una mitad del grupo rezando una estrofa y la otra mitad leyendo la siguiente estrofa. Continúen alternando hasta el final. Antes de comenzar, asegúrate de que todos en el grupo entiendan cómo vas a pasar de la oración espontánea al salmo.

En el nombre del Padre, y del Hijo, y del Espíritu Santo.

Te alabaré, Dios mío, mi Rey,
 bendeciré tu Nombre por siempre jamás;
todos los días te bendeciré,
 alabaré tu Nombre por siempre jamás.
Grande es el Señor, muy digno de alabanza,
 su grandeza es insondable. . . .

Fiel es Dios en sus palabras,
 y amoroso en sus acciones.
El Señor sostiene a los caen,
 y levanta a los que se doblan.
Los ojos de todos te están aguardando:
 tú les das la comida a su tiempo;
tú abres la mano
 y colmas de bienes a todo viviente.
El Señor es justo en todos sus caminos,,
 fiel en todas sus acciones.
El Señor está cerca de los que lo invocan,,
 de los que lo invocan sinceramente.
Satisface los deseos de sus fieles,
 escucha sus clamores y los salva.
El Señor guarda a quienes lo aman,;
 destruye a todos los malvados.

Proclame mi boca la alabanza del Señor,
 todo viviente bendiga su santo Nombre por siempre jamás.
(Salmo 145:1-3, 13-21)

Amén.

3º DOMINGO DE CUARESMA

Experimenta el agua viva

*«Si conocieras el don de Dios, . . . tú le pedirías a él,
y él te daría agua viva».*
—Juan 4:10

Oración inicial

Ora con tus propias palabras, o pídele a alguien que lea en voz alta la oración siguiente.

En el nombre del Padre, y del Hijo, y del Espíritu Santo.

Señor Jesús,
Tu amor se extiende en misericordia
para abrazar y sanar al que se arrepiente de corazón.

Guíanos por el camino de la santidad,
y sana las heridas de nuestros pecados.

Que siempre guardemos seguros en toda su plenitud
el don de tu amor.

Que tu misericordia nos restaure ahora,
porque tú eres el Señor de todo por los siglos de los siglos.

Amén.

Discusión de apertura

¿Cuál es la amistad más improbable que has tenido (como una relación sorprendentemente buena con alguien que es diferente a ti)?

Escritura y Tradición

Pídele a una persona que lea el pasaje siguiente de la Escritura en voz alta.

Lectura

Juan 4:5-26

⁵Llegó a un pueblo de Samaría llamado Sicar, cerca del terreno que Jacob dio a su hijo José. ⁶Allí se encuentra el pozo de Jacob. Jesús, cansado del camino, se sentó tranquilamente junto al pozo. Era mediodía.

⁷Una mujer de Samaría llegó a sacar agua. Jesús le dice: «Dame de beber». ⁸Los discípulos habían ido al pueblo a comprar comida. ⁹Le responde la samaritana: «¡Cómo! ¿Tú, que eres judío, me pides de beber a mí, que soy samaritana?». Los judíos no se tratan con los samaritanos. ¹⁰Jesús le contestó: «Si conocieras el don de Dios y quién es el que te pide de beber, tú le pedirías a él, y él te daría agua viva».

¹¹Le dice [la mujer]: «Señor, no tienes con qué sacar el agua y el pozo es profundo, ¿dónde vas a conseguir agua viva? ¹²¿Eres, acaso, más poderoso que nuestro padre Jacob, que nos dio este pozo, del que bebían él, sus hijos y sus rebaños? ¹³Le contestó Jesús: «El que bebe de esta agua vuelve a tener sed; ¹⁴quien beba del agua que yo le daré no tendrá sed jamás, porque el agua que le daré se convertirá dentro de él en manantial que brota dando vida eterna». ¹⁵Le dice la mujer: «Señor, dame de esa agua, para que no tenga sed y no tenga que venir acá a sacarla».

¹⁶Le dice: «Ve, llama a tu marido y vuelve acá». ¹⁷Le contestó la mujer: «No tengo marido». Le dice Jesús: «Tienes razón al decir que no tienes marido; porque has tenido cinco hombres, y el que tienes ahora tampoco es tu marido. En eso has dicho la verdad». Le dice la mujer: «Señor, veo que eres profeta. ²⁰ Nuestros padres daban culto en este monte; ustedes en cambio dicen que es en Jerusalén donde hay que dar culto. ²¹Le dice Jesús: «Créeme, mujer, llega la hora en que ni en este monte ni en Jerusalén se dará culto al Padre. ²²Ustedes dan culto a lo que no conocen, nosotros damos culto a lo que conocemos; porque la salvación procede de los judíos. ²³Pero llega la hora, ya ha llegado, en que los que dan culto auténtico adorarán al Padre en espíritu y en verdad. Porque esos son los adoradores que busca el Padre. ²⁴Dios es Espíritu y los que lo adoran deben hacerlo en espíritu y verdad». ²⁵Le dice la mujer: «Sé que vendrá el Mesías —es decir, Cristo—. Cuando él venga, nos lo explicará todo. ²⁶Jesús le dice: «Yo soy, el que habla contigo».

1. ¿Qué sucede en esta interacción entre Jesús y la mujer samaritana? ¿Cómo comienza? ¿Qué se dice?

2. ¿Qué tradiciones y costumbres sociales del día hacen que esta interacción sea poco probable? ¿Por qué es tan sorprendente este encuentro?

3. ¿Alguna vez ha experimentado ser sorprendido por un encuentro con Jesús? Si es así, ¿está dispuesto a compartirlo?

Pídale a otra persona que lea en voz alta la siguiente sección del pasaje de la Escritura.

Lectura

Juan 4:27-42

²⁷En esto llegaron sus discípulos y se maravillaron de verlo hablar con una mujer. Pero ninguno le preguntó qué buscaba o por qué hablaba con ella. ²⁸La mujer dejó el cántaro, se fue al pueblo y dijo a los vecinos: ²⁹«Vengan a ver un hombre que me ha contado todo lo que yo hice: ¿no será el Mesías?». ³⁰Ellos salieron del pueblo y acudieron a él.

³¹Entretanto los discípulos le rogaban: «Come Maestro». ³²Él les dijo: «Yo tengo un alimento que ustedes no conocen». ³³Los discípulos comentaban: «¿Le habrá traído alguien de comer?». ³⁴Jesús les dice: «Mi alimento es hacer la voluntad del que me envió y concluir su obra. ³⁵¿No dicen ustedes que faltan cuatro meses para la cosecha? Pero yo les digo: le-

vanten los ojos y observen los campos que ya están madurando para la cosecha. ³⁶El segador ya está recibiendo su salario y cosechando fruto para la vida eterna; así lo celebran sembrador y segador. ³⁷De ese modo se cumple el refrán: *uno siembra y otro cosecha*. ³⁸Yo los he enviado a cosechar donde no han trabajado. Otros han trabajado y ustedes recogen el fruto de sus esfuerzos».

³⁹En aquel pueblo muchos creyeron en él por las palabras de la mujer que atestiguaba: «Me ha dicho todo lo que hice». ⁴⁰Los samaritanos acudieron a él y le rogaban que se quedara con ellos. Se quedó allí dos días, ⁴¹y muchos más creyeron en él, a causa de su palabra; ⁴²y le decían a la mujer: «Ya no creemos por lo que nos has contado, porque nosotros mismos lo hemos escuchado y sabemos que éste es realmente el salvador del mundo».

4. Según el versículo 28, ¿qué hizo la mujer samaritana después de encontrarse con Jesús? ¿Qué dejó atrás?

5. Pedro y Andrés dejaron sus redes. Santiago y Juan dejaron su barca. Mateo dejó su mesa de recaudador de impuestos. La mujer del pozo también dejó algo. ¿Cuál es el significado de estas cosas? ¿Qué representan en la vida de estos discípulos?

6. ¿Sientes que alguna vez has dejado algo atrás para seguir a Jesús más de cerca?

7. ¿Podría Jesús estar llamándote a dejar algo detrás en esta Cuaresma? ¿Alguien está dispuesto a compartir sobre esto?

8. Después de su encuentro con Jesús, ¿adónde fue la samaritana? ¿Qué hizo ella? ¿Qué crees que la motivó y qué nos dice eso hoy?

9. ¿Qué reacción recibió? ¿Por qué otros en el pueblo le creyeron? ¿Qué les dio una fe firme y final de que Jesús era verdaderamente el Mesías y Salvador?

10. Reflexiona sobre tu propia fe en Jesús. ¿Por qué crees que es el Hijo de Dios y Salvador del mundo?

Conexión con la Cruz esta Semana

Tómate un tiempo esta semana para pensar en tu fe en Dios: de dónde vino, hacia dónde va y hacia dónde esperas que vaya. ¿Quién fue la primera persona que te contó la historia de Jesucristo? ¿Quiénes te mostraron, por la forma en que vivían sus vidas, la presencia transformadora de Dios? Agradece a Dios por la obediencia amorosa de esos discípulos, por transmitirte lo que ellos habían experimentado en Cristo.

Esta semana, ora por una o dos personas en tu vida que nunca han experimentado el amor de Dios a través de la Iglesia o el pueblo de Dios. Ora por cada persona individualmente; pasa tiempo elevando a cada una de ellos hacia el Señor.

Después de haber orado por alguien, pregúntale a Dios si hay alguna manera en que puedas mostrarle su amor a esa persona. Dios sabrá si él o ella necesita algo en particular que puedas hacer. Si no surge nada en la oración, planea algún pequeño acto de amor que piensas que la persona apreciaría, aunque sólo sea una llamada telefónica. Con nuestras vidas ocupadas, a veces descuidamos a nuestros amigos y familiares durante demasiado tiempo. ¡Un mensaje en las redes sociales o un mensaje de texto no cuenta!

Hacia el final de la semana, pregúntale al Señor si alguna de estas personas está lista para escuchar más acerca de él de ti. Jesús sabe quién sería receptivo a tu testimonio personal auténtico sobre cómo la presencia de Dios en tu vida te ha ayudado y bendecido. Esto puede ser muy sencillo; por ejemplo, puedes compartir un testimonio breve en respuesta a la expresión de inquietud o preocupación de alguien por un ser querido: «Realmente me ayuda a llevar mis preocupaciones a Jesús. Él dijo que no nos inquietemos. Sé que él llevará mis preocupaciones por mí cuando se lo pida».

Pídele a Dios que cree oportunidades para que compartas tus experiencias de él y te muestre las oportunidades que él está creando.

Usa los pasajes de las Escrituras a continuación o las lecturas diarias de la Misa para orar y reflexionar esta semana. Consulta el apéndice B para obtener orientación sobre cómo orar con las Escrituras.

Pasajes de las Escrituras para la Meditación

- Marcos 1:16-20
- Lucas 5:1-11
- Lucas 24:13-35
- 1 Juan 1:1-4
- Lucas 9:57-62
- Hebreos 13:7

Lecturas de las misas de esta semana:

Lunes
- 2 Reyes 5:1-15
- Salmo 42:2-3; 43:3-4
- Lucas 4:24-30

Martes
- Daniel 3:25, 34-43
- Salmo 25:4-9
- Mateo 18:21-35

Miércoles
- Deuteronomio 4:1, 5-9
- Salmo 147:12-13, 15-16, 19-20
- Mateo 5:17-19

Jueves
- 2 Samuel 7:4-5, 12-14, 16
- Salmo 89:2-3, 4-5, 27, 29
- Romanos 4:13, 16-18, 22
- Mateo 1:16, 18-21, 24

Viernes
- Oseas 14:2-10
- Salmo 81:6-11, 14, 17
- Marcos 12:28-34

Sábado
- Oseas 6:1-6
- Salmo 51:3-4, 18-21
- Lucas 18:9-14

Oración conclusiva

Abre el tiempo de oración compartida orando primero sobre lo que se discutió durante la reunión y luego invitando a otros a hacer lo mismo. Después, pídele a alguien que lea en voz alta la siguiente oración, o que cierre con una oración tradicional como el Padrenuestro, el Ave María o el Gloria.

En el nombre del Padre, y del Hijo, y del Espíritu Santo.

Señor Dios,
Tu amor nos da vida
y tu misericordia nos da un nuevo nacimiento.
Míranos favorablemente
durante esta temporada de Cuaresma.

Revélate a nosotros más profundamente,
como lo hiciste con la mujer del pozo.
Como lo hiciste por ella, cámbianos.
Conforma nuestras vidas al modelo
de la fidelidad de Cristo.

Que Jesús se convierta en nuestra agua viva,
y que podamos experimentar hoy
el poder eterno que fluye de nuestro bautismo.
Te lo pedimos por Cristo nuestro Señor.

Amén.

4º DOMINGO DE CUARESMA

Vive en la luz

De una cosa estoy seguro, que yo era ciego y ahora veo.
—Juan 9:25

Oración inicial

Pídele a alguien que ore con sus propias palabras, o lee la oración siguiente en voz alta lentamente mientras los demás oran en silencio.

> En el nombre del Padre, y del Hijo, y del Espíritu Santo.
>
> Hagamos una pausa antes de orar juntos y recordemos la presencia constante de Dios con nosotros a lo largo de nuestro día.
>
> (Pausa breve)
>
> *Líder*
>
> Padre de luz,
> en ti no se encuentra ninguna sombra de cambio
> pero sólo la plenitud de la vida y
> verdad ilimitada.

Abre nuestros corazones a la voz de tu Palabra,
y libéranos de la oscuridad original que ensombrece nuestra visión.

Restaura nuestra vista para que podamos ver a tu Hijo que nos llama al arrepentimiento y al cambio de corazón.[3]

Concédenos tu Espíritu Santo para que habite con nosotros,
e inspíranos ahora que nos reunimos,
por Cristo Jesús, nuestro Señor.

Todos

Amén.

Discusión de apertura

Describan brevemente su experiencia con el Sacramento de la Reconciliación. ¿Ha sido liberadora, intimidante, reveladora o útil?

Escritura y Tradición

Pide a cuatro miembros del grupo que cada uno lea en voz alta uno de los siguientes pasajes de las Escrituras.

Lectura

> Juan 9:1-17, 24-41
>
> *Lector 1*
>
> [1]Al pasar vio un hombre ciego de nacimiento. [2]Los discípulos le preguntaron: «Maestro, ¿quién pecó

---

[3] Oración inicial alternativa para el segundo domingo de Cuaresma.

para que naciera ciego? ¿Él o sus padres?». ³Jesús contestó: «Ni él pecó ni sus padres; ha sucedido así para que se muestre en él la obra de Dios. ⁴Mientras es de día, tienen que trabajar en las obras del que me envió. Llegará la noche, cuando nadie puede trabajar. ⁵ Mientras estoy en el mundo, soy la luz del mundo». ⁶ Dicho esto, escupió en el suelo, hizo barro con la saliva, se lo puso en los ojos⁷y le dijo: «Ve a lavarte a la piscina de Siloé —que significa enviado—». Fue, se lavó y al regresar ya veía. ⁸Los vecinos y los que antes lo habían visto pidiendo limosna comentaban: «¿No es éste el que se sentaba a pedir limosna?». ⁹Unos decían: «Es él». Otros decían: «No es, sino que se le parece». Él respondía: «Soy yo». ¹⁰Así que le preguntaron: «¿Cómo [pues] se te abrieron los ojos?». ¹¹Contestó: «Ese hombre que se llama Jesús hizo barro, lo puso sobre mis ojos y me dijo que fuera a lavarme a la fuente de Siloé. Fui, me lavé y recobré la vista. ¹²Le preguntaron: «¿Dónde está él?». Responde: «No sé».

Lector 2

¹³Llevaron ante los fariseos al que había sido ciego. ¹⁴Era sábado el día que Jesús hizo barro y le abrió los ojos. ¹⁵Los fariseos le preguntaron otra vez cómo había recobrado la vista. Les respondió: «Me aplicó barro a los ojos, me lavé, y ahora veo». ¹⁶Algunos fariseos le dijeron: «Ese hombre no viene de parte de Dios, porque no observa el sábado». Otros decían: «¿Cómo puede un pecador hacer tales milagros?». Y estaban divididos. ¹⁷Preguntaron de nuevo al ciego: «Y tú, ¿qué dices del que te abrió los ojos?». Contestó: «Que es profeta». . .

Lector 3

²⁴Llamaron por segunda vez al hombre que había sido ciego y le dijeron: «Da gloria a Dios. A nosotros nos consta que aquél es un pecador». ²⁵Les contestó: «Si es pecador, no lo sé; de una cosa estoy seguro, que yo era ciego y ahora veo». ²⁶Le preguntaron de nuevo: «¿Cómo te abrió los ojos?». ²⁷Les contestó: «Ya se lo dije y no me creyeron; ¿para qué quieren oírlo de nuevo?. ¿No será que también ustedes quieren hacerse discípulos suyos?». ²⁸Lo insultaron diciendo: «¡Tú serás discípulo de ese hombre nosotros somos discípulos de Moisés! ²⁹Sabemos que Dios le habló a Moisés; en cuanto a ése, no sabemos de dónde viene». ³⁰Les respondió: «Eso es lo extraño, que ustedes no saben de dónde viene y a mí me abrió los ojos. ³¹Sabemos que Dios no escucha a los pecadores, sino que escucha al que es piadoso y cumple su voluntad. ³²Jamás se oyó contar que alguien haya abierto los ojos a un ciego de nacimiento. ³³Si ese hombre no viniera de parte de Dios, no podría hacer nada». ³⁴Le contestaron: «Tú naciste lleno de pecado, ¿y quieres darnos lecciones?». Y lo expulsaron.

Lector 4

³⁵Oyó Jesús que lo habían expulsado y, cuando lo encontró, le dijo: «¿Crees en el Hijo del Hombre?». ³⁶ Contestó: «¿Quién es, Señor, para que crea en él?». ³⁷Jesús le dijo: «Lo has visto: es el que está hablando contigo». ³⁸Respondió: «Creo, Señor». Y se postró ante él. ³⁹Jesús dijo: «He venido a este mundo para un juicio, para que los ciegos vean y los

que vean queden ciegos». ⁴⁰Algunos fariseos que se encontraban con él preguntaron: «Y nosotros, ¿estamos ciegos?». ⁴¹Les respondió Jesús: «Si estuvieran ciegos, no tendrían pecado; pero, como dicen que ven, su pecado permanece».

1. ¿Qué te sorprende de esta historia?

2. El hombre ciego de nacimiento hace una variedad de declaraciones acerca de Jesús a lo largo de la narración (ver versículos 11, 17, 25, 27, 30, 33, y 38; es posible que desee subrayarlas en tu folleto o biblia). Tómate un momento para anotarlas todas. (Pausa). ¿Qué indican estas declaraciones sobre la experiencia del ciego de ser sanado por Jesús?

3. Los fariseos, o «los judíos»[4], interrogan al ciego de nacimiento. Toma un momento para notar las diversas declaraciones que hacen (ver versículos 16, 24, 28-29, 34, y 40). (Pausa). ¿Cómo los caracterizarías en función de la progresión de sus interrogatorios?

4. Basado en sus observaciones anteriores, compara y contrasta la progresión de las ideas de los fariseos y del ciego acerca de Jesús.

5. El capítulo 9 del Evangelio de Juan servía como lectura para preparar a los convertidos para el

---

[4] Juan 9:18 (no incluido aquí) usa el término «los judíos» para indicar a las autoridades judías. El término también se usa en otras partes del Evangelio de San Juan. Jesús, su madre y sus hermanos eran judíos, al igual que todos sus seguidores. Son las autoridades las que interrogan al ciego de nacimiento, no todo el mundo en la ciudad. Las autoridades religiosas y políticas gobernantes son los que se preocupan por las actividades de Jesús.

bautismo en la Iglesia primitiva.[5] ¿Por qué crees que la Iglesia usaba este pasaje como catequesis bautismal?

6. ¿Qué simboliza para nosotros la curación física del ciego de nacimiento con respecto a la vida espiritual?

7. En el versículo 39, Jesús revela un significado más profundo de su sanación del ciego de nacimiento. ¿Cómo explicarías lo que está diciendo?

8. En el versículo 41, Jesús dice a los fariseos: «Si estuvieran ciegos, no tendrían pecado; pero, como dicen que ven, su pecado permanece». ¿Cómo entiendes el significado de la declaración final de Jesús a los fariseos?

9. ¿Puedes identificar los obstáculos pasados en tu vida que te hicieron espiritualmente ciego y obstaculizaron la vida evangélica? ¿Qué te ayudó a ver tu propia ceguera espiritual?

10. El ciego de nacimiento le dijo a Jesús: «Creo, Señor», y se postró ante Jesús. «Creo, Señor» es una confesión de nuestro bautismo o un deseo de bautismo. ¿Qué hábitos espirituales te ayudan a renovar tu confesión, o quizás a hacerla por primera vez?

Si el tiempo lo permite, se puede leer el pasaje del Papa Francisco en «Conexión con la cruz esta semana» y discutir las preguntas.

---

[5] Raymond E. Brown, *The Gospel According to John [El Evangelio según San Juan] I-XII* (Anchor Bible Series) (Garden City, NY: Doubleday, 1966), pág. 380.

Conexión con la Cruz esta Semana

A principios de la semana anterior a tu próxima reunión de grupo pequeño, lee este extracto del Papa Francisco y considere las preguntas que siguen.

A través de los sacramentos de iniciación cristiana, el Bautismo, la Confirmación y la Eucaristía, el hombre recibe la vida nueva en Cristo. Ahora, todos lo sabemos, llevamos esta vida «en vasijas de barro» (2 Cor 4, 7), estamos aún sometidos a la tentación, al sufrimiento, a la muerte y, a causa del pecado, podemos incluso perder esta nueva vida. Por ello el Señor Jesús quiso que la Iglesia continúe su obra de salvación también hacia sus propios miembros, en especial con el sacramento de la Reconciliación y la Unción de los enfermos, que se pueden unir con el nombre de «sacramentos de curación». El sacramento de la Reconciliación es un sacramento de curación. Cuando yo voy a confesarme es para sanarme, curar mi alma, sanar el corazón y algo que hice y no funciona bien. . . .

El sacramento de la Penitencia y de la Reconciliación brota directamente del misterio pascual. . . . [E]l perdón de nuestros pecados no es algo que podamos darnos nosotros mismos. Yo no puedo decir: me perdono los pecados. El perdón se pide, se pide a otro, y en la Confesión pedimos el perdón a Jesús. El perdón no es fruto de nuestros esfuerzos, sino que es un regalo, es un don del Espíritu Santo, que nos llena de la purificación de misericordia y de gracia que brota incesantemente del corazón abierto de par en par de Cristo crucificado y resucitado. . . . [S]ólo si nos dejamos reconciliar en el Señor Jesús con el Padre y con los hermanos podemos estar verdaderamente en la paz. Y esto lo hemos sentido todos en el corazón cuando vamos a confesarnos, con un peso en el alma, un poco de tristeza; y cuando recibimos el perdón de Jesús estamos en paz, con esa paz del alma tan bella que sólo Jesús puede dar, sólo Él. . . .

En efecto, es la comunidad cristiana el lugar donde se hace presente el Espíritu, quien renueva los corazones en el amor de Dios y hace de todos los hermanos una cosa sola, en Cristo Jesús. . . . . En la celebración de este sacramento, el sacerdote no representa sólo a Dios, sino a toda la comunidad, que se reconoce en la fragilidad de cada uno de sus miembros, que escucha conmovida su arrepentimiento, que se reconcilia con Él, que le alienta y le acompaña en el camino de conversión y de maduración humana y cristiana. . . .

Queridos amigos, celebrar el sacramento de la Reconciliación significa ser envueltos en un abrazo caluroso: es el abrazo de la infinita misericordia del Padre. . . . Pero yo os digo: cada vez que nos confesamos, Dios nos abraza, Dios hace fiesta.[6]

—Audiencia general del 19 de febrero de 2014

1. ¿Qué te ha impresionado de esta reflexión?
2. ¿Hay algo que te impide celebrar el Sacramento de la Reconciliación?
3. ¿Algo te ha ayudado a recibir este sacramento con más fe y menos ansiedad? ¿Qué fue y cómo te ayudó?
4. ¿Cómo pueden las palabras del Papa Francisco aumentar tu fe y tu valor para recibir este sacramento?

Planea un tiempo esta semana para celebrar el Sacramento de la Reconciliación. Antes de ir, lee y reflexiona sobre el apéndice C para obtener consejos útiles. Dale tiempo al

---

[6] Se puede consultar en http://w2.vatican.va/content/francesco/es/audiences/2014/documents/papa-francesco_20140219_udienza-generale.html

Espíritu Santo para que te muestre lo que necesitas discutir con el sacerdote.

Si se ofrecen en tu área, asiste al Vía Crucis el viernes de esta semana, o marca tu agenda para un viernes antes de Pascua cuando pueda asistir. Considera la posibilidad de invitar a un amigo o familiar para que te acompañe. Un enfoque extendido en los eventos de la crucifixión enriquecerá tu oración de Cuaresma ayudándote a entrar en la experiencia de Jesús.

Si no puedes asistir en persona, podría considerar usar las oraciones del Vía Crucis para tu meditación diaria. Para una rica reflexión, busca en línea «Vía Crucis en el Coliseo por el Papa Juan Pablo II». Sin embargo, simplemente contemplar cada estación en tu corazón puede ser más efectivo, dependiendo de tu mejor manera de orar.

Usa los pasajes de las Escrituras a continuación o las lecturas diarias de la Misa para orar y reflexionar esta semana. Consulta el apéndice B para obtener orientación sobre cómo orar con las Escrituras.

Pasajes de las Escrituras para la Meditación

- Efesios 5:8-14
- 2 Reyes 5:1-15
- Mateo 18:21-35
- Lucas 11:14-23
- Marcos 12:28-34
- Lucas 18:9-14 u Oseas 6:1-6

Lecturas de las misas de esta semana:

Lunes
- Isaías 65:17-21
- Salmo 30:2, 4-6, 11-13
- Juan 4:43-54

Martes
- Ezequiel 47:1-9, 12
- Salmo 46:2-3, 5-6, 8-9
- Juan 5:1-16

Miércoles
- Isaías 7:10-14; 8:10
- Salmo 40:7-11
- Hebreos 10:4-10
- Lucas 1:26-38

Jueves
- Éxodo 32:7-14
- Salmo 106:19-23
- Juan 5:31-47

Viernes
- Sabiduría 2:1, 12-22
- Salmo 34:17-21, 23
- Juan 7:1-2, 10, 25-30

Sábado
- Jeremías 11:18-20
- Salmo 7:2-3, 9-12
- Juan 7:40-53

Oración conclusiva

Si todos en el grupo ya están bautizados, pide a una persona que dirija el grupo en la renovación de sus promesas bautismales. Antes de hacer esto, dediquen un tiempo como grupo a ofrecer oraciones de acción de gracias y petición. Cuando parezca que el grupo está listo para cerrar, el líder debe comenzar a hacer las preguntas. El grupo debe responder con un sincero «Sí, renuncio» a cada promesa.

Si alguno de los miembros del grupo no está bautizado, alguien debería abrir la oración espontánea e invitar al resto del grupo a que también exprese sus oraciones en voz alta. Cierren con el Padre Nuestro.

En el nombre del Padre, y del Hijo, y del Espíritu Santo.

Líder

- ¿Renuncian a Satanás? (**Sí, renuncio**).
- ¿Y todas sus obras? (**Sí, renuncio**).
- ¿Y todas sus promesas vacías? (**Sí, renuncio**).
- ¿Creen en Dios, Padre todopoderoso, creador del cielo y de la tierra? (**Sí, creo**).
- ¿Creen en Jesucristo, su Hijo único y Señor nuestro, que nació de Santa María Virgen, padeció y murió por nosotros, resucitó y está sentado a la derecha del Padre? (**Sí, creo**).
- ¿Creen en el Espíritu Santo, en la santa Iglesia católica, en la comunión de lo santos, en el perdón de los pecados, en la resurrección de los muertos y en la vida eterna? (**Sí, creo**).

Que Dios todopoderoso, Padre de nuestro Señor Jesucristo, que nos liberó del pecado y nos ha hecho renacer por el agua y el Espíritu Santo, nos conserve con su gracia, unidos a Jesucristo, nuestro Señor, para la vida eterna.

Todos

DOMINGO DE CUARESMA

Una cuestión de vida o muerte

«Yo soy la resurrección y la vida. Quien cree en mí, aunque muera, vivirá».

—Juan 11:25

Oración inicial

Pídele a alguien que ore con sus propias palabras, y luego lea la oración siguiente en voz alta lentamente mientras los demás oran en silencio.

> En el nombre del Padre, y del Hijo, y del Espíritu Santo.
>
> Dios querido,
> A veces pareces estar muy lejos,
> especialmente en tiempos de prueba.
> Luchamos para creer que nos escuchas,
> que te importamos.
> Tememos estar sufriendo solos.

Danos una gran esperanza, Jesús, de que cuando llegue la muerte,
nos encontraremos cara a cara.
Pero también, Señor, ayúdanos a saber que
estás con nosotros incluso ahora,
trayendo «gracia sobre gracia».[7]

Te necesitamos, Jesús,
para levantarnos de nuestras muertes diarias.
Necesitamos que vivas la vida que moriste para darnos.

Espíritu Santo, mora en nosotros tan plenamente
para que nuestros ojos puedan ver, como el hombre que nació ciego;
que nuestros corazones tengan sentimientos,
como Jesús tenía sentimientos por Lázaro y sus hermanas.
Ayúdanos a vivir la vida en abundancia.[8]

Jesús, tú nos buscas.
Ayúdanos a buscarte diariamente
para que durante esta vida en la tierra,
la vida eterna no sea algo
distante e irrelevante,
sino nuestro pan de cada día.

Te lo pedimos por Cristo nuestro Señor.
Amén.

---

[7] Juan 1:16: «De su plenitud hemos recibido todos: gracia tras gracia».

[8] Juan 10:10: «Yo vine para que tengan vida, y la tengan en abundancia».

Discusión de apertura

¿Alguien ha experimentado alguna vez un roce con la muerte, un momento en no estaba seguro de que iba a salir vivo? ¿Cómo se sintieron después? ¿Cambió algo en sus vidas?

Escritura y Tradición

Pídele a una persona que lea el pasaje siguiente de la Escritura en voz alta.

Lectura

Romanos 8:8-11

⁸[L]os que se dejan arrastrar por ellos [los bajos instintos] no pueden agradar a Dios. ⁹Pero ustedes no están animados por los bajos instintos, sino por el Espíritu, ya que el Espíritu de Dios habita en ustedes. Y si alguno no tiene el Espíritu de Cristo, no le pertenece. ¹⁰Pero si Cristo está en ustedes, aunque el cuerpo muera por el pecado, el espíritu vivirá por la justicia. ¹¹Y si el Espíritu del que resucitó a Jesús de la muerte habita en ustedes, el que resucitó a Cristo de la muerte dará vida a sus cuerpos mortales, por el Espíritu suyo que habita en ustedes.

1. ¿Cómo experimentas que el Espíritu de Dios mora dentro de ti? ¿El Espíritu Santo dentro de ti te parece real, o es más bien una idea abstracta?

2. ¿Alguien ha tenido una experiencia cuando sintió que había recibido el Espíritu de Dios de una manera nueva? ¿Cómo ocurrió esto?

3. Si no han tenido esa experiencia, ¿han visto a alguien más pasar por una transformación tan completa que parecía como si Dios hubiera puesto su Espíritu en esa persona de una manera nueva? ¿Cómo describirían el cambio que vieron en la vida de esa persona?
4. ¿Buscan al Espíritu para que transforme sus vidas? ¿Cómo? Si no, ¿cómo podrían hacerlo?

Pide a tres miembros del grupo que cada uno lea en voz alta un párrafo de este extracto de Juan 11:1-45, la historia de Jesús resucitando a Lázaro de entre los muertos.

Lectura

Juan 11:17-45

Lector 1

[17]Cuando Jesús llegó, encontró que llevaba cuatro días en el sepulcro. [18]Betania queda cerca de Jerusalén, a unos tres kilómetros. [19]Muchos judíos habían ido a visitar a Marta y María para darles el pésame por la muerte de su hermano. [20]Cuando Marta oyó que Jesús llegaba, salió a tu encuentro, mientras María se quedaba en casa. [21]Marta dijo a Jesús: «Si hubieras estado aquí, Señor, mi hermano no habría muerto. [22]Pero yo sé que lo que pidas, Dios te lo concederá». [23]Le dice Jesús: «Tu hermano resucitará». [24]Le dice Marta: «Sé que resucitará en la resurrección del último día». [25]Jesús le contestó: «Yo soy la resurrección y la vida. Quien cree en mí, aunque muera, vivirá; [26]y quien vive y cree en mí no morirá para siempre. ¿Lo crees?». [27]Le contestó:

«Sí, Señor, yo creo que tú eres el Mesías, el Hijo de Dios, el que había de venir al mundo».

Lector 2

²⁸Dicho esto, se fue, llamó en privado a tu hermana María y le dijo: «El Maestro está aquí y te llama». ²⁹ Al oírlo, se levantó rápidamente y se dirigió hacia él. ³⁰Jesús no había llegado aún al pueblo, sino que estaba en el lugar donde lo encontró Marta. ³¹Los judíos que estaban con ella en la casa consolándola, al ver que María se levantaba de repente y salía, fueron detrás de ella, pensando que iba al sepulcro a llorar allí. ³²Cuando María llegó a donde estaba Jesús, al verlo, cayó a sus pies y le dijo: «Si hubieras estado aquí, Señor, mi hermano no habría muerto». ³³Jesús al ver llorar a María y también a los judíos que la acompañaban, se estremeció por dentro ³⁴y dijo muy conmovido: «¿Dónde lo han puesto?». Le dicen: «Ven, Señor, y lo verás». ³⁵Jesús se echó a llorar. ³⁶Los judíos comentaban: «¡Cómo lo quería!». ³⁷Pero algunos decían: «El que abrió los ojos al ciego, ¿no pudo impedir que éste muriera?».

Lector 3

³⁸Jesús, estremeciéndose de nuevo, se dirigió al sepulcro. Era una caverna con una piedra adelante. ³⁹Jesús dice: «Retiren la piedra». Le dice Marta, la hermana del difunto: «Señor, huele mal, ya lleva cuatro días muerto». ⁴⁰Le contesta Jesús: «¿No te dije que si crees, verás la gloria de Dios?». ⁴¹Retiraron la piedra. Jesús alzó la vista al cielo y dijo: «Te doy gracias, Padre, porque me has escuchado. ⁴²Yo sé que siempre me escuchas, pero lo he dicho por

la gente que me rodea, para que crean que tú me enviaste». ⁴³Dicho esto, gritó con fuerte voz: «Lázaro, sal afuera». ⁴⁴Salió el muerto con los pies y las manos sujetos con vendas y el rostro envuelto en un sudario. Jesús les dijo: «Desátenlo para que pueda caminar».

⁴⁵Muchos judíos que habían ido a visitar a María y vieron lo que hizo creyeron en él.

5. ¿Hay algo que te haya impresionado de esta lectura? ¿Notaste algo que no hayas notado en el pasado?

6. ¿Cómo crees que se sintieron Marta y María cuando se encontraron con Jesús después de la muerte de Lázaro? ¿Qué indican sus palabras (versículos 21 y 32)? ¿Alguna vez has experimentado un sentimiento similar en tu relación con Jesús? ¿Cómo sobrellevaste eso?

7. ¿Por qué crees que Jesús está «estremecido» y «conmovido» (versículos 33 y 34) hasta el punto de llorar después de hablar con María y Marta? ¿Qué pudo haber afligido tanto su corazón, aunque parece que ya planeaba de antemano resucitar a Lázaro de entre los muertos?

8. ¿Qué lecciones podemos encontrar en el hecho de que Jesús está llorando con sus amigos en su dolor?

9. ¿Por qué crees que Jesús quiso resucitar a Lázaro de entre los muertos? ¿Por qué su propia resurrección no sería suficiente para mostrar a las

futuras generaciones de discípulos que «la muerte no tiene poder» (Romanos 6:9)?

10. Una de las realidades más temibles e impresionantes de la vida es que se termina. La muerte se cierne sobre cada uno de nosotros, sin embargo, algunas personas evitan, en la medida de lo posible, verla o pensar en ella. Algunos tienen tanto miedo que ni siquiera visitan las instalaciones para enfermos y ancianos. ¿Cómo afecta esta historia de Lázaro, Marta y María a tus sentimientos sobre la muerte?

Conexión con la Cruz esta Semana

⁵Jesús le contestó: «Yo soy la resurrección y la vida. Quien cree en mí, aunque muera, vivirá; y quien vive y cree en mí no morirá para siempre. ¿Lo crees?».

—Juan 11:25-26

«¿Lo crees?». Jesús le pregunta a Marta, y ella declara que él es «el Mesías, el Hijo de Dios» (Juan 11:27). Para saber quién es Jesús, no tienes que ser Pedro, la roca sobre la que Dios construye la Iglesia (Marcos 8:27-30). Una persona ordinaria como Marta, alguien amado por Jesús que lo ama a cambio, puede ver la verdad. Ella sabe que él tiene poder sobre la muerte incluso antes de resucitar a Lázaro.

Jesús te hace la misma pregunta: «¿Lo crees?».

Esta semana, pídele a Dios que ilumine los ojos de tu corazón (cf. Efesios 1:18) para ver más claramente lo que Jesús significa en tu vida. Pídele que aumente tu fe para que puedas decir con Marta: «Tú eres el Mesías, el Hijo de Dios».

Luego pídele a Dios que te muestre lo que todavía necesita morir en tu interior esta Cuaresma para que puedas resucitar con Jesús en la Pascua. ¿Tal vez el miedo o la ansiedad, el dolor o la amargura, o la avaricia o los celos estén gobernando tus pensamientos y comportamientos, en lugar de tu fe en Jesús y tu confianza en lo que él enseña? Si aún no has celebrado el Sacramento de la Reconciliación en esta Cuaresma, lleva a la Confesión cualquier área de tu vida que Dios te muestre. Pide la gracia de dejar ir todo lo que te aleje del amor de Jesús.

Prepara tu corazón para la Semana Santa dedicándote a la lectura de las Escrituras. Por lo menos cuatro días de la semana, reserva por lo menos quince minutos —sólo el uno por ciento de tu jornada— para orar y leer las Escrituras. (Consultar el apéndice B para más información). Orar con las Escrituras transformará tu corazón y te ayudará a experimentar el Espíritu dentro de ti más profundamente.

Dios puede cambiar tu vida, sanar tus heridas, y abrir tu corazón, si le das el tiempo para hacerlo. Si aún no has dedicado tiempo a orar con las Escrituras, hazlo esta semana. Dios siempre está cortejando a aquellos que se mueven hacia su amor. Haz el compromiso. Saca tu calendario ahora mismo y anota los cuatro días y horas diferentes en los que pasarás quince minutos orando con las Escrituras. O pon la alarma veinte minutos más temprano cada día y hazlo entonces. Trata de leer los pasajes seleccionados a continuación o las lecturas diarias de la Misa. Haz tiempo para Dios, y se desplegarán riquezas indecibles.

Pasajes de las Escrituras para la Meditación

- Lucas 9:23-27
- Romanos 8:1-13
- Salmo 51
- 1 Pedro 4:12-19
- Mateo 28:1-20

Lecturas de las misas de esta semana:

Lunes
- Daniel 13:1-9, 15-17, 19-30, 33-62
- Salmo 23:1-6
- Juan 8:1-11

Martes
- Números 21:4-9
- Salmo 102:2-3, 16-21
- Juan 8:21-30

Miércoles
- Daniel 3:14-20, 91-92, 95
- Daniel 3:52-56
- Juan 8:31-42

Jueves
- Génesis 17:3-9
- Salmo 105:4-9
- Juan 8:51-59

Viernes
- Jeremías 20:10-13
- Salmo 18:2-7
- Juan 10:31-42

Sábado
- Ezequiel 37:21-28
- Jeremías 31:10-13
- Juan 11:45-56

Oración conclusiva

Guía al grupo en un tiempo de oración espontánea. Cuando la gente haya terminado de orar con sus propias palabras, cierra leyendo la oración de abajo.

En el nombre del Padre, y del Hijo, y del Espíritu Santo.

Señor, lloraste por tu amigo Lázaro.
Haz que nuestros corazones sean como el tuyo,
lleno de amor y compasión,
profundamente conmovido por el dolor de la muerte y la decrepitud
que es nuestra suerte en esta vida.

Señor, moriste en una cruz por nosotros
para que podamos tener vida.
Dijiste que nosotros también debemos perder nuestras vidas para salvarlas.
Ayúdanos a ver dónde necesitamos morir a nosotros mismos:
las maneras en que somos egoístas y llenos de nosotros mismos,
cuando hemos endurecido nuestros corazones ante el sufrimiento que nos rodea.

A través de tu Espíritu Santo
danos corazones nuevos y mentes nuevas.
Revive nuestros espíritus,
como reviviste a Lázaro.
Ayúdanos a vivir como tú viviste,
y a amar como tú amaste.

Amén.

DOMINGO DE Ramos

La Pasión del Señor

A pesar de su condición divina,. . [él] se vació de sí. . .
se hizo obediente hasta la muerte, y una muerte en cruz.
—Filipenses 2:6-8

Oración inicial

Pide a una persona que guíe al grupo en la siguiente oración al Espíritu Santo.[9] O alguien podría orar con sus propias palabras, pidiéndole al Señor que a través de la lectura de la historia de la pasión, el sufrimiento de Cristo en la cruz se haga más real para cada persona del grupo.

---

[9] Esta oración incluye una frase en latín, *nunc coepi*, que significa «¡Comienza ahora!» Nunc se pronuncia como en español. *Coepi* se pronuncia *chepi*. Pero no se preocupen por la pronunciación exacta. Lo que importa es que el grupo esté orando: «Espíritu Santo, haz lo que quieras. Comienza tu obra en mí ahora!».

En el nombre del Padre, y del Hijo, y del Espíritu Santo.

Líder

Tomemos un momento de silencio y recordemos la presencia de Dios aquí con nosotros. (Pausa).
Padre, abre nuestros corazones y nuestras mentes mientras nos reunimos en el nombre de tu Hijo Jesús. Creyendo en tu presencia y poder, oramos juntos:

Todos

¡Ven, oh Santo Espíritu!:
ilumina mi entendimiento,
para conocer tus mandatos:
fortalece mi corazón
contra las insidias del enemigo:
inflama mi voluntad . . .
He oído tu voz,
y no quiero endurecerme y resistir,
diciendo: después . . . mañana.
Nunc coepi! ¡Ahora!,
no vaya a ser que el mañana me falte.
¡Oh, Espíritu de verdad y de sabiduría,
Espíritu de entendimiento y de consejo,
Espíritu de gozo y de paz!:
quiero lo que quieras,
quiero porque quieres,
quiero como quieras,
quiero cuando quieras.
Amén.

—San Josemaría Escrivá de Balaguer (1902–1975)[10]

---

[10] Se puede consultar en https://opusdei.org/es/article/oraciones-al-espiritu-santo/

Discusión de apertura

¿Qué crees que sintió y pensó Jesús al celebrar la Pascua con sus discípulos, sabiendo que Judas ya había arreglado traicionarlo?

Escritura y Tradición

Pídele a alguien que lea el pasaje siguiente de la Escritura en voz alta.

Lectura

Mateo 26:14-29

[14]Entonces uno de los Doce, llamado Judas Iscariote, se dirigió a los sumos sacerdotes [15]y les propuso: «¿Qué me dan si se los entrego?». Ellos se pusieron de acuerdo en treinta monedas de plata. [16]Desde aquel momento buscaba una ocasión para entregarlo.

[17]El primer día de los Ázimos se acercaron los discípulos a Jesús y le preguntaron: «¿Dónde quieres que te preparemos la cena de Pascua?». [18]Él les contestó: «Vayan a la ciudad, a la casa de tal persona, y díganle: El maestro dice: mi hora está próxima; en tu casa celebraré la Pascua con mis discípulos». [19]Los discípulos prepararon la cena de Pascua siguiendo las instrucciones de Jesús.

[20]Al atardecer se puso a la mesa con los Doce. [21]Mientras comían, les dijo: «Les aseguro que uno de ustedes me va a entregar». [22]Muy tristes, empezaron a preguntarle uno por uno: «¿Soy yo, Señor?». [23]Él contestó: «El que se ha servido de la misma fuente

que yo, ése me entregará. ²⁴El Hijo del Hombre se va, como está escrito de él; pero, ¡ay de aquél por quien el Hijo del Hombre será entregado! Más le valdría a ese hombre no haber nacido». ²⁵Le dijo Judas, el traidor: «¿Soy yo, maestro?». Le responde Jesús: «Tú lo has dicho.

²⁶Mientras cenaban, Jesús tomó pan, pronunció la bendición, lo partió y se lo dio a sus discípulos diciendo: «Tomen y coman, esto es mi cuerpo». ²⁷Tomando la copa, pronunció la acción de gracias y se la dio diciendo: «Beban todos de ella, ²⁸porque ésta es mi sangre de la alianza, que se derrama por todos para el perdón de los pecados. ²⁹Les digo que en adelante no beberé de este fruto de la vid hasta el día en que beba con ustedes el vino nuevo en el reino de mi Padre».

1. ¿Qué te impresionó de esta lectura del Evangelio?
2. ¿Qué te sorprende de Jesús en este pasaje?
3. El biblista católico P. Daniel Harrington, ha observado que en el relato de Mateo sobre la última Pascua de Jesús, Jesús se muestra a sí mismo en control, saliendo al encuentro de su pasión de buena gana.[11] ¿Estás de acuerdo con esta observación? ¿Por qué sí o por qué no?
4. ¿Qué notas de Judas en este pasaje?
5. Contrasta a Jesús y a Judas. ¿Qué diferencias se destacan para ti?

---

[11] Daniel J. Harrington, SJ, *Sacra Pagina* (Collegeville, MN: Liturgical Press, 1991), pág. 369.

6. ¿Qué puedes aprender del trato que Jesús dio a Judas, el que lo traicionaría?

7. ¿Qué crees que significó esta comida y esta conversación para los discípulos en ese momento? ¿Qué podría haber significado para ellos después de la muerte y resurrección de Jesús?

8. Sabemos que Jesús sufrió de todas las maneras que nosotros sufrimos, pero no del pecado (ver Hebreos 4:15). ¿Cuáles fueron algunas de las luchas y tentaciones humanas que Jesús pudo haber sufrido?

9. ¿Cómo tu reflexión sobre las luchas y tentaciones humanas de Jesús afecta tu relación con él?

10. De este pasaje provienen las palabras que escuchamos en cada Misa: «Tomen y coman; este es mi cuerpo» y «Beban todos de ella». ¿De qué manera este pasaje o su discusión sobre él enriquece tu experiencia de la recepción de Cristo en la Eucaristía?

11. Esta semana acompañamos a Jesús en sus últimos pasos hacia la cruz. ¿Cuáles son algunas maneras prácticas en las que podríamos estar más enfocados y conscientes, para que podamos encontrarnos más profundamente con Jesús durante la Semana Santa?

Lectio Divina en grupo

Lo que sigue es la primera y segunda lectura del Domingo de Pasión. La antigua práctica de la *lectio divina,* literalmente «lectura divina», puede ayudarnos a entrar en la Escritura, permitiéndonos escuchar más profundamente lo que Dios quiere hablar en nuestras vidas.

Un regalo de San Benito y la tradición monástica para toda la Iglesia, la *lectio divina* es una escucha atenta de la voz de Dios a través de los libros sagrados de la Escritura. Es una manera de abrirse a Dios a través de la palabra de Dios inspirada por el Espíritu (cf. 2 Timoteo 3:16). La Escritura es *el* texto privilegiado para el encuentro con el Dios vivo.[12]

Al leer un pasaje de las Escrituras en voz alta, lentamente y en oración, el Espíritu tiene la oportunidad de hablar particularmente a cada uno de nosotros a través de una palabra o frase, haciéndola sobresalir de alguna manera. Él puede plantear una pregunta en tu mente, captar tu atención porque nunca lo habías notado antes, consolarte o incluso molestarte. Dios se comunica con cada uno de nosotros de la mejor manera posible. Todo lo que necesitas hacer al principio es notar lo que llama tu atención.

Las lecturas repetidas pueden profundizar tu enfoque en esa palabra o frase; en otras ocasiones pueden iluminar otra palabra que completa lo que Dios quiso hablarte ese día. A veces surge un nuevo mensaje.

Esta lectura orante de la Escritura ha inspirado a innumerables santos a través de los siglos. Es una manera sencilla y accesible de entrar más plenamente en el misterio pascual. (Para rezar la *lectio divina* en casa, consulta el apéndice B para obtener una fórmula sencilla que te ayude a recordar el método LRRD: Leer, Reflexionar, Responder y Descansa).

El facilitador leerá cada pasaje en voz alta lentamente, para dar tiempo al grupo a reflexionar en silencio sobre el pasaje y/o hacer una breve pregunta. Los miembros del grupo deben escuchar lo que se destaca cada vez que se lee.

---

[12] *Dei Verbum,* http://www.vatican.va/archive/hist_councils/ii_vatican_council/documents/vat-ii_const_19651118_dei-verbum_sp.html.

Lectura

Isaías 50:4-7

⁴Mi Señor me ha dado
una lengua de discípulo,
para saber decir al abatido
una palabra de aliento.

Cada mañana me despierta el oído,
para que escuche
como un discípulo.
⁵El Señor me abrió el oído:
yo no me resistí
ni me eché atrás:
⁶ofrecí la espalda a los que me apaleaban,
las mejillas a los que me arrancaban la barba;
no me tapé el rostro
ante ultrajes y salivazos.

⁷El Señor me ayuda,
por eso no me acobardaba;
por eso endurecí el rostro como piedra,
sabiendo que no quedaría defraudado.

Lectura

Filipenses 2:5-11

⁵Tengan los mismos sentimientos de Cristo Jesús, ⁶quien, a pesar de su condición divina, no hizo alarde de ser igual a Dios; ⁷sino que se vació de sí y tomó la condición de esclavo, haciéndose semejante a los hombres. ⁸Y mostrándose en figura humana se humilló, se hizo obediente hasta la muerte, y una

muerte en cruz. ⁹Por eso Dios lo exaltó y le concedió un nombre superior a todo nombre, ¹⁰para que, ante el nombre de Jesús, toda rodilla se doble, en el cielo, la tierra y el abismo;¹¹y toda lengua confiese: ¡Jesucristo es Señor!, para gloria de Dios Padre.

Conexión con la Cruz esta Semana

La Semana Santa ofrece una oportunidad para una conversión más profunda al contemplar la pasión, muerte y resurrección de Cristo. Podemos encontrar al Señor en la oración, en la Escritura y en la vida sacramental de la Iglesia. Es por eso que deben reunirse en grupo para discutir las lecturas de la Pascua durante la Octava de Pascua, los ocho días después de la Pascua. Esto les permitirá pasar más tiempo esta semana orando, leyendo las Escrituras y participando en las liturgias del Triduo.

Si no has tenido la oportunidad de celebrar el Sacramento de la Reconciliación esta Cuaresma, encuentra un tiempo para ir esta semana. Incluso si ya lo has hecho, considere la posibilidad de volver a hacerlo. La Iglesia nos anima a frecuentar este «sacramento de conversión», porque en él Cristo sana y transforma continuamente nuestra vida interior. La mayoría de las parroquias ofrecen horarios adicionales para la Confesión durante la Semana Santa para poner el sacramento a disposición de todos.

Reza el Rosario esta semana usando los Misterios Dolorosos. Si no estás seguro de cómo rezar el Rosario, hay muchos recursos disponibles en línea que pueden mostrarte paso a paso cómo hacerlo.

Experimenta la cumbre del año litúrgico participando en las tres liturgias del Triduo. El Triduo comienza con la celebración de la Misa de la Cena del Señor el Jueves Santo, durante la cual se recrea el lavatorio de los pies de los discípulos y se vacía el Tabernáculo. El Viernes Santo es el único día del año en que no se celebra la Misa, pero la liturgia incluye la reverencia de la cruz y muchas oraciones hermosas, así como la lectura de la pasión. Finalmente, se puede celebrar la Pascua el domingo o en la Vigilia del sábado por la noche, durante la cual se cuenta la historia de la salvación a través de múltiples lecturas de las Escrituras y se bautizan los catecúmenos.

Usa los pasajes de las Escrituras a continuación o las lecturas diarias de la Misa para orar y reflexionar esta semana. Consulta el apéndice B para obtener orientación sobre cómo orar con las Escrituras.

Pasajes de las Escrituras para la Meditación

- Juan 12:1-11
- Hebreos 4:14-16, 5:7-9
- Isaías 52:13-53:12
- Juan 13:21-33, 36-38
- Isaías 42:1-7
- Juan 18:1–19:42

Lecturas de las misas de esta semana:

Lunes
- Isaías 42:1-7
- Salmo 27:1-3, 13-14
- Juan 12:1-11

Martes
- Isaías 49:1-6
- Salmo 71:1-6, 15, 17
- Juan 13:21-33, 36-38

Miércoles
- Isaías 50:4-9
- Salmo 69:8-10, 21-22, 31, 33-34
- Mateo 26:14-25

Jueves Santo
- Éxodo 12:1-8,11-14
- Salmo 116:12-13, 15-18
- 1 Corintios 11:23-26
- Juan 13:1-15

Viernes Santo
- Isaías 52:13-53:12
- Salmo 31:2,6,12-13, 15-17, 25
- Hebreos 4:14-16; 5:7-9
- Juan 18:1–19:42

Oración conclusiva

Comienza ofreciendo las oraciones que surjan de su discusión. Cuando el grupo esté listo para cerrar, uno de los participantes puede rezar este himno penitencial, basado en una oración del siglo X para el tiempo de Cuaresma. Todos deben orar la respuesta juntos.

En el nombre del Padre, y del Hijo, y del Espíritu Santo.

Attende Domine (Escucha, Señor)

Todos

Escucha, Señor y ten misericordia porque hemos pecado contra Ti.

Líder

A Ti, Rey soberano,
Redentor de todos
levantamos nuestros ojos en llanto;
escucha, Cristo, las plegarias de los que te suplican.

Todos

Escucha, Señor y ten misericordia porque hemos pecado contra Ti.

Líder

Oh diestra del Padre, piedra
angular,
camino de la salvación y puerta del cielo:
lava las manchas
de nuestros delitos.

Todos

Escucha, Señor y ten misericordia porque hemos pecado contra Ti.

Líder

Rogamos oh Dios, a tu majestad:
con tus oídos santos escucha nuestros gemidos,
perdona bondadoso
nuestras culpas.

Todos

Escucha, Señor y ten misericordia porque hemos pecado contra Ti.

Líder

Nuestros pecados cometidos los confesamos ante Ti;
con corazón contrito te manifestamos lo oculto;
que tu clemencia, oh Redentor,
nos las perdone.

Todos

Escucha, Señor y ten misericordia porque hemos
pecado contra Ti.
Amén.

DOMINGO DE Pascua

La Resurrección del Señor
Vayan a Galilea

«[Allí] me verán».
—Mateo 28:10

Oración inicial

A diferencia de las sesiones anteriores, cuando los grupos pequeños se reunían para discutir las lecturas de la semana siguiente, los grupos deben reunirse para discutir las lecturas de Pascua *después de que* se leen en la misa del domingo de Pascua. Reúnanse en algún momento durante la Octava de Pascua (los ocho días siguientes a la Pascua, incluyendo el Domingo de la Divina Misericordia). Esto permite a los participantes centrarse en el Triduo durante la Semana Santa y también compartir sus experiencias de Semana Santa durante la sesión final de grupos pequeños.

Pídele a alguien que ore con sus propias palabras, y luego lea la siguiente oración en voz alta lentamente mientras los demás oran en silencio.

> En el nombre del Padre, y del Hijo, y del Espíritu Santo.
> ¿Dónde está, oh muerte, tu aguijón?
> ¿Dónde está, oh infierno, tu victoria?
> Cristo ha resucitado, ¡y tú has sido derrocado!
> Cristo ha resucitado, ¡y los demonios han caído!
> Cristo ha resucitado, ¡y los ángeles se regocijan!
> Cristo ha resucitado, ¡y la vida reina!
> Cristo ha resucitado, ¡y no queda ni un solo muerto en la tumba!
> Porque Cristo, que ha resucitado de entre los muertos, se ha convertido en el primer fruto de aquellos que se han dormido.
> A Él sea gloria y el reino por los siglos de los siglos.
>
> —Homilía pascual de San Juan Crisóstomo (c. 349-407)
> Amén.

Discusión de apertura

Pide a una persona que lea la parte del narrador (N), a otra que lea la parte del ángel (A) y a una tercera que lea las palabras de Jesús (J).

Escritura y Tradición

Lectura

> Mateo 28:1-10
>
> N: ¹Pasado el sábado, al despuntar el alba del primer día de la semana, fue María Magdalena con la

otra María a examinar el sepulcro. ²De repente se produjo un fuerte temblor: Un ángel del Señor bajó del cielo, llegó e hizo rodar la piedra y se sentó encima. ³Su aspecto era como el de un relámpago y su vestido blanco como la nieve. ⁴Los de la guardia se pusieron a temblar de miedo y quedaron como muertos. ⁵El ángel dijo a las mujeres:

A: «Ustedes no teman. Sé que buscan a Jesús, el crucificado». ⁶No está aquí; ha resucitado como había dicho. Acérquense a ver el lugar donde yacía. ⁷Después vayan corriendo a anunciar a los discípulos que ha resucitado y que irá por delante a Galilea; allí lo verán. Éste es mi mensaje».

N: ⁸Se alejaron rápidamente del sepulcro, llenas de miedo y gozo, y corrieron a dar la noticia a los discípulos. ⁹Jesús les salió al encuentro y les dijo: «¡Alégrense!». Ellas se acercaron, se abrazaron a sus pies y se postraron ante él. ¹⁰Jesús les dijo:

J: «Ustedes no teman. Avisen a mis hermanos que vayan a Galilea, donde me verán».

1. ¿Qué te sorprende en este pasaje?

2. Ponte en el lugar de María Magdalena en esta escena. Ella ve la tumba de Jesús; la tierra tiembla y un ángel resplandeciente desciende, hace rodar la piedra y se sienta sobre ella. ¿Cómo reaccionaron los guardias? ¿Cómo habrías reaccionado si fueras María?

3. ¿Cómo ministra el ángel a las mujeres?

4. ¿Qué emociones se apoderan de las dos mujeres cuando salen corriendo de la escena para com-

partir su experiencia con los discípulos? ¿Qué emociones surgen en tu corazón cuando piensas en compartir tu experiencia de Jesús con otros?

5. ¿Qué sucede cuando las mujeres responden a las instrucciones del ángel? ¿Qué podemos aprender de su respuesta?

6. El versículo 9 describe a las mujeres abrazando los pies de Jesús y postrándose ante él. ¿Qué significa «postrarse ante» alguien? ¿De qué manera te «postras ante» Jesús? Comparte cualquier fruto que hayas experimentado de esto.

7. ¿Por qué crees que Jesús quiere encontrarse con sus discípulos en Galilea? (puedes ver la descripción de este encuentro en Mateo 28:16-20).

8. El apóstol Pablo escribió a la iglesia de Corinto: «Si no hay resurrección de muertos, tampoco Cristo ha resucitado; y si Cristo no ha resucitado, es vana nuestra proclamación, es vana nuestra fe» (1 Corintios 15:13-14). ¿Por qué la resurrección es tan importante para la fe cristiana? ¿Cómo influye la resurrección en tu vida diaria como cristiano?

9. ¿Cómo, en las últimas seis semanas de Cuaresma, has experimentado en ti mismo el misterio pascual, la muerte y resurrección de Jesucristo? ¿Ha muerto algo en ti, o algo nuevo ha cobrado vida?

10. Aunque nuestro camino como cristianos incluye el camino de la cruz, ¿cómo podemos vivir de esa manera con alegría y esperanza, como pueblo de resurrección? ¿Qué te ha ayudado a vivir tu fe con más alegría y esperanza?

Si tienes tiempo, puedes leer y discutir el siguiente extracto de la Homilía Pascual de 2014 del Papa Francisco en «Conexión a la Cruz esta Semana».

Conexión con la Cruz esta Semana

Lea y reflexione sobre este extracto del Papa Francisco:

«Después de la muerte del Maestro, los discípulos se habían dispersado; su fe se deshizo, todo parecía que había terminado, derrumbadas las certezas, muertas las esperanzas. Pero entonces, aquel anuncio de las mujeres, aunque increíble, se presentó como un rayo de luz en la oscuridad. La noticia se difundió: Jesús ha resucitado, como había dicho... Y también el mandato de ir a *Galilea*; Galilea; las mujeres lo habían oído por dos veces, primero del ángel, después de Jesús mismo: «Que vayan a Galilea; allí me verán». . . .

Galilea es el lugar de la primera llamada, donde todo empezó. Volver allí, volver al lugar de la primera llamada. Jesús pasó por la orilla del lago, mientras los pescadores estaban arreglando las redes. Los llamó, y ellos lo dejaron todo y lo siguieron (cf. Mt 4,18-22).

Volver a Galilea quiere decir *releer* todo a partir de la cruz y de la victoria; . . . Releer todo: la predicación, los milagros, la nueva comunidad, los entusiasmos y las defecciones, hasta la traición; releer todo a partir del final, que es un nuevo comienzo, *de este acto supremo de amor.*

También para cada uno de nosotros hay una «Galilea» en el comienzo del camino con Jesús. «Ir a Galilea» tiene un significado bonito, significa para nosotros redescubrir nuestro bautismo como fuente viva, sacar energías nuevas de la raíz de nuestra fe y de nuestra experiencia cristiana. Volver a Galilea significa sobre todo volver allí, a ese punto incandescente en que la gracia de Dios me tocó al comienzo del camino. Con esta chispa puedo encender el fuego para el hoy, para cada día, y llevar calor y luz a mis hermanos y hermanas. Con esta chispa se enciende una alegría humilde, una alegría que no ofende el dolor y la desesperación, una alegría buena y serena.

En la vida del cristiano, después del bautismo, hay también... *una «Galilea» más existencial*: la experiencia del *encuentro personal con Jesucristo,* que me ha llamado a seguirlo y participar en su misión. En este sentido, volver a Galilea significa custodiar en el corazón la memoria viva de esta llamada, cuando Jesús pasó por mi camino, me miró con misericordia, me pidió seguirlo; volver a Galilea significa recuperar la memoria de aquel momento en el que sus ojos se cruzaron con los míos, el momento en que me hizo sentir que me amaba.

El evangelio es claro: es necesario volver allí, para ver a Jesús resucitado, y convertirse en testigos de su resurrección. No es un volver atrás, no es una nostalgia. Es volver al primer amor, para *recibir el fuego* que Jesús ha encendido en el mundo, y llevarlo a todos, a todos los extremos de la tierra.

—Papa Francisco, Homilía de la Vigilia Pascual, 19 de abril de 2014[13]

---

[13] Se puede consultar en https://w2.vatican.va/content/francesco/es/homilies/2014/documents/papa-francesco_20140419_omelia-veglia-pasquale.html

Aquí hay algunas preguntas para considerar si están leyendo esto en grupo:

1. ¿Te llamó la atención algo de la homilía del Papa Francisco? Reflexiona por un momento sobre por qué Dios pudo haber atraído tu atención a esto. (**Pausa**). ¿Alguien estaría dispuesto a compartir lo que le llamó la atención y por qué?

2. ¿Sientes que tienes tu propia «Galilea», un período de tiempo, o un «momento en que me hizo sentir que me amaba»? ¿Cómo lo has experimentado?

3. ¿Alguien está dispuesto a compartir un momento en que las cosas parecían oscuras en tu vida, pero el poder de la resurrección vino a ustedes, «como un rayo de luz en la oscuridad»?

Ya sea que hayas leído y discutido las preguntas anteriores en grupo o no, dedica algún tiempo a reflexionar por tu cuenta sobre aquellas circunstancias en las que experimentaste el poder de la resurrección en un momento oscuro Recuérdalos con una «memoria agradecida» (Papa Francisco, *Evangelii Gaudium,* 13). ¿Qué significa para ti esta experiencia hoy? ¿Cómo afecta la forma en que vives?

La observancia de la Cuaresma forja una conexión más profunda con la cruz de la pasión de Jesús, pero la Pascua nos recuerda que debemos celebrar viviendo en el espíritu de la resurrección de Jesús. Es tan fácil celebrar en la cúspide del Domingo de Pascua, pero ¡rápidamente se olvida que estamos viviendo en la victoria de Cristo *cada* día! Para ayudarnos a vivir la resurrección con alegría y plenitud, la Iglesia ha hecho de la Pascua un tiempo entero, cincuenta días que nos llevan hasta la venida del Espíritu Santo en Pentecostés.

Toma tiempo esta semana para establecer prácticas espirituales para el tiempo pascual, que puedan cimentarte en el poder y la alegría de la resurrección. ¡La muerte ha sido derrotada! Reclama la victoria de Jesús para ti mismo: ¡él venció por ti! Encontrarás sugerencias sobre cómo hacerlo en la última sección de este libro, «Conexión a la Cruz para la Vida».

Usa los pasajes de las Escrituras a continuación o las lecturas diarias de la Misa para orar y reflexionar esta semana.

Pasajes de las Escrituras para la Meditación

- Hechos 2:42-47
- Juan 20:19-23
- Hechos 6:1-7
- Juan 10:1-10
- Hechos 8:1-8
- Juan 17

Lecturas de las misas de esta semana:

Lunes
- Hechos 2:14, 22-33
- Salmo 16:1-2, 5, 7-11
- Mateo 28:8-15

Martes
- Hechos 2:36-41
- Salmo 33:4-5, 18-20, 22
- Jn 20:11-18

Miércoles
- Hechos 3:1-10
- Salmo 105:1-4, 6-9
- Lucas 24:13-35

Jueves
- Hechos 3:11-26
- Salmo 8:2, 5-9
- Lucas 24:35-48

Viernes
- Hechos 4:1-12
- Salmo 118:1-2, 4, 22-27
- Juan 21:1-14

Sábado
- Hechos 4:13-21
- Salmo 118:1, 14-21
- Marcos 16:9-15

Oración conclusiva

El grupo podría comenzar espontáneamente: agradeciendo a Jesús por su sacrificio en la cruz, alabando al Padre por haber resucitado a Jesús de entre los muertos, agradeciendo al Espíritu Santo por cómo ha movido los corazones durante la Cuaresma, y pidiendo bendiciones para cada persona del grupo. Terminen la oración compartida diciendo juntos la siguiente oración de San Juan Newman.

En el nombre del Padre, y del Hijo, y del Espíritu Santo.

Jesús mío:
ayúdanos a esparcir tu fragancia donde quiera que vayamos;
inunda nuestras almas con tu espíritu y tu vida;
llena todo nuestro ser y toma de él posesión
de tal manera que nuestra vida no sea en adelante sino una irradiación de la tuya.
Brilla a través de nosotros.

Quédate en mi corazón en una unión tan íntima que quienes tengan contacto con nosotros
puedan sentir en nosotros tu presencia;
y que al mirarnos olviden que existimos y no piensen sino en Ti.
Quédate con nosotros. Así podremos convertirnos en luz para los otros.
Esa luz, oh Jesús, vendrá toda de Ti;
ni uno solo de sus rayos será nuestro. Te serviremos apenas de instrumento
para que Tú ilumines a las almas a través de nosotros.
Déjanos alabarte en la forma que te es más agradable: llevando nuestra lámpara encendida para disipar las sombras en el camino de otras almas.
Déjanos predicar tu nombre sin palabras…
Con nuestro ejemplo, con nuestra fuerza de atracción
con la sobrenatural influencia de nuestras obras,
con la fuerza evidente del amor que nuestro corazón siente por ti.
Amén.

—Adaptado de una oración de San Juan Newman (1801-1890)[14]

Conexión a la Cruz para la Vida

«Ya no creemos por lo que tú has dicho, porque nosotros mismos Le hemos oído, y sabemos que éste es en verdad el Salvador del mundo».

—Juan 4:42

---

[14] Se puede consultar en https://www.aciprensa.com/recursos/oracion-de-san-juan-neumann-3904

Volvamos al punto de partida: la palabra de Dios hablada a través del profeta Joel: «Conviértanse a mí de todo corazón» (2:12). Oramos para que tu camino cuaresmal sea un movimiento del corazón, que te acerque más a Cristo. Esto es lo que las prácticas penitenciales tradicionales de la Cuaresma están destinadas a hacer: llevarte a una mayor conversión interior y *metanoia* —un cambio de corazón y mente—, que es el significado del arrepentimiento, para que puedas vivir en el poder de la resurrección de Jesús.

Esta guía proporcionó un tiempo para que los grupos pequeños se reunieran como cristianos que quieren ser fortalecidos en el camino, como lo hicieron los discípulos del primer siglo: «Se reunían frecuentemente para escuchar la enseñanza de los apóstoles, y participar en la vida común, en la fracción del pan y en las oraciones» (Hechos 2:42). Las enseñanzas de los apóstoles incluían las historias de la vida de Jesús que fueron escritas en los Evangelios. Los primeros discípulos discutieron el significado de lo que el Señor había dicho y hecho, tal como lo ha hecho tu grupo.

Tal vez tu grupo quiera continuar reuniéndose durante el tiempo pascual o reanudar las reuniones en el otoño. The Evangelical Catholic ofrece muchas guías de discusión para grupos pequeños, que puedes encontrar en evangelicalcatholic.org/materials. O podrían leer juntos un libro de la Biblia. Entre las epístolas favoritas para los grupos pequeños están Filipenses, Efesios y 2 Corintios. Trabajar a través de todo un Evangelio aumentará grandemente tu experiencia de Jesús y tu conocimiento sobre los años de su ministerio. Si se reúnen durante el tiempo pascual, tal vez quieran leer el Libro de los Hechos, el cual describe el gozo y la fecundidad que caracterizaron a la Iglesia primitiva.

Para tu propia reflexión pascual, revisa las notas que hayas hecho en este libro en las secciones «Conexión a la Cruz». Esas percepciones están destinadas a ser vividas en la victoria que Cristo ha ganado para nosotros. Como nos dijo con entusiasmo San Pablo: «Somos *más* que vencedores gracias al que nos amó» (Romanos 8:37, negrillas añadidas). Al repasar, busca encontrar de nuevo los dones que el Espíritu Santo ofreció durante cada sesión. Al identificarte con las tentaciones de Jesús en el desierto, ¿te has animado a enfrentarte a tus propias tentaciones? Al reconocer la ceguera espiritual, ¿puedes recibir la luz de la gracia de Dios de una nueva manera cuando la oscuridad te envuelve? Al experimentar a Jesús a un nivel profundamente personal, como lo hizo la mujer samaritana en el pozo, ¿desbordarás con el agua viva de Dios sobre todos los que encuentres?

Comprométete a continuar las prácticas de oración durante el tiempo pascual que más te inspiraron en los ejercicios semanales de «Conexión a la Cruz». Trata de asistir a la misa diaria al menos una o dos veces por semana o incluso diariamente; esto te ayudará a recibir la paz de Dios. Construye la práctica de meditar en las Escrituras para que el Señor te pueda decir una palabra personal dentro de ellas. No descuides el Sacramento de la Reconciliación, una oportunidad garantizada de obtener la gracia que transforma la vida; este sacramento contiene en él la promesa de un futuro diferente. El potencial expansivo de la Iglesia primitiva —que cambia el mundo y destruye la muerte— continúa en nosotros. Podemos ver el poder de la resurrección y la presencia del Espíritu Santo, en nuestras propias vidas y en el mundo, cuando encontramos a Cristo en la oración y en los sacramentos.

La Pascua es una nueva vida. Si la Cuaresma es un tiempo para ser movidos interiormente en nuestros corazones, entonces la Pascua es un tiempo para moverse exteriormente, hacia la acción. El Espíritu Santo nos inspirará a querer amar y servir al mundo de una manera que se ajuste perfectamente a los dones que tenemos para ofrecer. Es como si Dios nos hubiera hecho para una misión o servicio en particular, ¡porque así fue!

¡Cristo ha resucitado! Eres una «nueva creación» (2 Corintios 5:17), el cuerpo vivo de Cristo en la tierra, llamado a redimir y renovar todo lo que Dios ha hecho. La resurrección de Jesús nos asegura que su victoria vive en nosotros, sus seguidores. Podemos avanzar con toda confianza, escuchando la llamada que él hace a nuestros corazones. Jesús, nuestro fiel Pastor, está a nuestro lado.

Ora la siguiente oración durante el tiempo pascual para mantener el poder de la resurrección fresco en tu corazón y mente:

> Dios siempre vivo, ayúdame a celebrar con alegría el poder de tu resurrección y a expresar en mi vida el amor que he conocido en Cristo Jesús.
>
> Verbo Encarnado entre nosotros, háblame con claridad, para que pueda conocer tu perfecta voluntad y caminar en la gracia de tu revelación.
>
> Espíritu Eterno, infunde nueva vida en mí y anima mis dones, para que pueda encender el mundo y hacer avanzar el reino de Dios en mi familia y en cada familia, en mi vecindario y en cada vecindario, en mi nación y en cada nación.
>
> En el poder de la resurrección, permíteme seguir adelante en la victoria, oh Santo, y proclamar el evangelio a todos los pueblos, para la gloria de Dios Padre. Amén.

APÉNDICES

Para los participantes

Apéndice A: Guía para la discusión en grupos pequeños

Apéndice B: Guía para buscar a Dios en la oración

Apéndice C: Guía para el Sacramento de la Reconciliación

Apéndice A
Guía para la discusión en grupos pequeños

Un grupo pequeño busca fomentar una exploración honesta de Jesucristo con otras personas. Para muchos, esta será una nueva experiencia. Te estarás preguntando qué sucederá. ¿Encajaré en el grupo? ¿Voy a querer volver?

Aquí hay algunas expectativas y valores para ayudar a los participantes a entender cómo funcionan los grupos pequeños, así como lo que los hace funcionar y lo que no. Cuando un grupo se reúne por primera vez, tal vez el facilitador quiera leer lo siguiente en voz alta y conversar con los demás sobre ello para asegurarse de que las personas entiendan las reglas de un grupo pequeño.

Finalidad

Nos reunimos para buscar juntos. Nuestro propósito expreso de estar aquí es explorar juntos lo que significa vivir el evangelio de Jesucristo en y a través de la Iglesia.

Prioridad

Para cosechar todo el fruto de este itinerario personal y comunitario, cada uno de nosotros hará que la participación en las reuniones semanales sea una prioridad.

Participación

Nos esforzaremos por crear un entorno en el que se anime a todos a compartir desde su propio nivel de comodidad.

Comenzaremos y terminaremos todas las sesiones en oración, explorando con el tiempo maneras de orar juntos. Discutiremos un pasaje de las Escrituras en cada reunión. Los participantes no necesitan leer el pasaje de antemano; nadie necesita saber nada sobre la Biblia para poder participar. El objetivo es conversar sobre el texto y ver cómo se aplica a nuestras propias vidas.

Directrices para la discusión

El propósito de nuestro tiempo de reunión es compartir una discusión «llena del Espíritu». Este tipo de diálogo ocurre cuando la presencia del Espíritu Santo es bienvenida y alentada por la naturaleza y el tenor de la discusión. Para ayudar a que esto suceda, observaremos las siguientes pautas:

- Los participantes se esfuerzan siempre por ser respetuosos, humildes, abiertos y honestos al escuchar y compartir: no interrumpen, no responden abruptamente, no condenan lo que otros dicen, ni siquiera juzgan en sus corazones.
- Los participantes comparten en el nivel que les resulta cómodo personalmente.
- El silencio es una parte vital de la experiencia. Los participantes tienen tiempo para reflexionar antes de que comience la discusión. Ten cuenta que a menudo ocurre un período de silencio cómodo entre las personas que hablan.
- Se alienta a los participantes a compartir con entusiasmo y, al mismo tiempo, a brindar atención para permitir que otros (especialmente los miembros más callados) tengan la oportunidad de hablar. Cada participante debe tratar de mantener

un equilibrio: participar sin dominar la conversación.

- Los participantes mantienen confidencial cualquier cosa personal que pueda ser compartida en el grupo.

- Quizás lo más importante es que los participantes cultiven la atención al deseo del Espíritu Santo de estar presentes en el tiempo que pasen juntos. Cuando la conversación parezca necesitar ayuda, pide silenciosamente la intercesión del Espíritu Santo en tu corazón. Cuando alguien está hablando de algo doloroso o difícil, ora para que el Espíritu Santo consuele a esa persona. Ora para que el Espíritu ayude al grupo a responder con sensibilidad y amor. Si alguien no participa, orar por esa persona durante el silencio puede ser más útil que una pregunta directa. Estos son solo algunos ejemplos de las formas en que cada persona puede invocar personalmente al Espíritu Santo.

Tiempo

Nos reunimos semanalmente porque esa es la mejor manera de estar cómodos juntos, pero podemos programar nuestras reuniones antes o después de cualquier día libre o feriado, en el que muchas personas están ausentes.

Es importante que nuestro grupo comience y termine a tiempo. En general, un grupo se reúne durante unos noventa minutos, con unos treinta minutos adicionales más o menos después para tomar un refrigerio. Pónganse de acuerdo acerca de estos tiempos como grupo y hagan todo lo posible para respetarlos.

Apéndice B
Guía para buscar a Dios en la oración y en las Escrituras

A menos que estés convencido de que la oración es el mejor uso de tu tiempo, nunca encontrarás tiempo para rezar.
—Padre Hilary Ottensmeyer, OSB[15]

¡Si tan solo tuviera el tiempo!

Tiempo: solo tenemos una cantidad fija del mismo cada día. Todo tipo de exigencia socava esas horas. La comunicación moderna y las redes sociales aumentan nuestro sentido de urgencia. No es de extrañar que experimentemos deseos conflictivos sobre cómo usar nuestro tiempo.

Una cosa que todos sabemos con certeza: las relaciones requieren tiempo. Las amistades no se forman ni duran a menos que las personas pasen tiempo juntas. Los matrimonios sufren cuando los cónyuges no tienen tiempo para hablar y escucharse profundamente el uno al otro. Los padres que no dan prioridad al tiempo con sus hijos corren el riesgo de lamentar dolorosamente esa decisión en el futuro. Algunas cosas nunca cambian. Fuimos creados para las relaciones, y las relaciones toman tiempo.

Y ¿qué pasa con nuestra relación con Dios?

Así como todas las relaciones requieren tiempo, también lo necesita una amistad cada vez más profunda con Dios. ¿Qué tipo de relación tienes con una persona en tu vecindario con

---

[15] Visitado el 1 de marzo de 2017, en http://www.saintmeinard.edu/seminary-blog/echoes-from-the-bell-tower/posts/2015/monastic-time

la que nunca has tenido una conversación personal? Incluso si sacas el bote de basura de tu vecina semanalmente porque ella está discapacitada, ella es una conocida, no una amiga. Los amigos pasan tiempo juntos. Jesús nos llamó sus amigos (Juan 15:15).

Una manera de pasar tiempo con Jesús es en la Misa. Ella siempre será el centro, la fuente y la cumbre de nuestras vidas de oración. Pero sin tiempo personal con Jesús fuera de las liturgias, el encuentro en la Misa puede parecerse al encuentro con ese vecino en una fiesta del barrio: hablar durante unos minutos sin ninguna conexión profunda. La misteriosa realidad de esa persona permanece remota.

¿Cuánto tiempo debería dedicar a la oración personal?

Un poco de esfuerzo tiene un efecto duradero en el camino con Dios. Empieza de a poco y trabaja hasta conseguir más. Si aún no estás en la práctica de priorizar un tiempo de oración diario, comienza con quince minutos si puedes. Si eso resulta demasiado difícil, prueba con diez o incluso cinco minutos.

La oración engendra la oración. A medida que experimentas el fruto de una amistad más profunda con el Señor, tu deseo por Dios crece. Tu corazón anhela más y más construir tu vida alrededor de la oración en lugar de sólo apretarla entre dos otras tareas. El hambre de Dios crece cuando se saborea la dulzura de la compañía de Jesús y se experimenta la alegría de una vida centrada en Cristo.

Fundamentos para pasar tiempo con Dios en oración

Comienza siempre reconociendo que Dios está contigo. Él está contigo incluso cuando no estás prestando atención. Cuando prestas atención a Dios, simplemente te estás enfocando en la realidad.

Santa Teresa de Ávila decía que la oración era «tratar de amistad».[16] Cualquier buena amistad implica tres cosas: hablar, escuchar y simplemente estar juntos.

1. Habla con Dios

No hay una forma incorrecta de hablar con Dios. Habla sobre cualquier cosa en tu mente. Sé realista; no solo digas lo que piensas que una persona devota debe decir o lo que cree que Dios quiere escuchar. Incluso decir: «Señor, ayúdame a orar»·es en sí mismo una oración.

Si estás bloqueado, ten en cuenta las primeras tres cosas que todos aprendemos a decir cuando niños: «gracias», «lo siento» y «por favor». Ese es un gran esquema para una conversación con Dios, ¡es tan simple como eso! Consulta también el apéndice C —«ACTS: Una forma de orar todos los días»,

2. Escucha a Dios

Cada mañana me despierta el oído, para que escuche como un discípulo.

(Isaías 50:4)

---

[16] Teresa de Ávila, *El libro de la vida*: http://www.santateresadejesus.com/vida/

No importa cuán imposible parezca, puedes aprender a discernir la voz del Señor en tu vida. Requiere práctica y guía, pero nunca olvides la promesa de Jesús: «Mis ovejas escuchan mi voz, yo las conozco y ellas me siguen» (Juan 10:27). Jesús habla en serio cuando dice lo que dice: ¡esto es alcanzable!

La forma más rápida de aprender a reconocer la voz de Dios es leer las Escrituras en la oración. La Biblia verdaderamente es la palabra de Dios expresada en palabras humanas. Con la ayuda del Espíritu Santo, su lectura se convierte en «un encuentro vivificante» *(Novo Millennio Ineunte*, 39). En las páginas siguientes, un simple resumen de la *lectio divina* te ayudará a descubrir lo que el Señor quiere decirte a través de la Escritura. La *lectio divina* es una forma probada de encontrar la voz del Dios viviente en las Escrituras.

3. *Esté con Dios*

A veces las palabras se interponen en el camino de una comunicación más profunda. San Juan de la Cruz dijo: «Una palabra habló el Padre, que fue su Hijo, y ésta habla siempre en eterno silencio, y en silencio ha de ser oída del alma».[17] El Señor dice: «Ríndanse y reconozcan que soy Dios» (Salmo 46:10).

Comienza y termina cada tiempo de oración con un minuto o dos de silencio para descansar en la presencia de Dios. Probablemente no escuches nada audible o incluso no sientas algo interiormente, pero ten confianza de que Dios está llenando ese silencio de maneras que no puedes percibir inmediatamente. A menudo, algo puede quedar muy claro más adelante en el día después de un momento de silencio en la mañana.

---

[17] Cita en http://www.ocd.pcn.net/mad_es2.htm .

Lectio Divina: Juntando todo

Una de las mejores maneras de «hablar», «escuchar» y «estar con» Dios en una sola sesión es el método consagrado de orar con las Escrituras llamado *lectio divina* (que en latín significa «lectura divina»). Esta antigua práctica ha visto un tremendo crecimiento en popularidad desde el Vaticano II, en parte debido al fuerte y claro llamado de cada Papa desde el Concilio a los laicos y el clero por igual a descubrir (o redescubrir) este tesoro. Por ejemplo, el Papa Benedicto XVI dijo lo siguiente:

> En este marco, quisiera recordar y recomendar sobre todo la antigua tradición de la *Lectio divina:* la lectura asidua de la sagrada Escritura acompañada por la oración realiza el coloquio íntimo en el que, leyendo, se escucha a Dios que habla y, orando, se le responde con confiada apertura del corazón (cf. *Dei Verbum,* 25). Estoy convencido de que, si esta práctica se promueve eficazmente, producirá en la Iglesia una nueva primavera espiritual.
>
> —Papa Benedicto XVI[18]

El término *lectio divina* a menudo se asocia con san Benito de Nursia, del siglo sexto. La Regla de san Benito mandaba a los monjes meditar sobre las Escrituras en horas específicas del día. En la Edad Media, nacieron cuatro pasos para especificar el proceso: *lectio* (lectura), *meditatio* (meditación / reflexión), *oratio* (oración) y *contemplatio* (contemplación o descanso en la presencia de Dios).

---

[18] Papa Benedicto XVI, Discurso a los participantes en el Congreso Internacional organizado para conmemorar el 40º aniversario de *Dei Verbum*, 16 de septiembre de 2005, http://w2.vatican.va/content/benedict-xvi/es/speeches/2005/september/documents/hf_ben-xvi_spe_20050916_40-dei-verbum.html.

La *lectio* nos enseña a escuchar con atención una palabra o frase específica que se destaque, ya sea con fuerza o con suavidad. Como creyentes, confiamos en que el Espíritu Santo ayuda a nuestra lectura de la Escritura. Cuando algo se destaca o nos molesta en una lectura, esta es la palabra personal de Dios a nosotros, para que pensemos (meditación) y conversemos con Jesús (oración u *oratio*).

Si te resulta difícil recordar los cuatro aspectos de la *Lectio*, el método LRRD da una descripción sencilla y fácil de responder: leer, reflexionar, responder, descansar. Ver más abajo.

LRRD: Un método para la *Lectio Divina*

Preparación

Comienza con la señal de la Cruz.
Tómate un momento para estar tranquilo y quieto.
Pídele al Espíritu Santo que sea el guía de tu tiempo.

1. **Lee** la selección de las Escrituras lenta y atentamente. Ten en cuenta cualquier palabra, frase o imagen que llame tu atención. Es útil leer el pasaje más de una vez y/o en voz alta.

2. **Reflexiona.** Piensa en el significado de lo que sea que haya llamado tu atención. El Espíritu Santo te atrajo por una razón. ¿Qué línea de pensamiento persigues en respuesta? Observa cualquier pregunta que surja o cualquier emoción que experimentes. Regresa al texto tantas veces como lo desees.

3. **Responde.** Habla con Dios sobre el pasaje, tus pensamientos o cualquier otra cosa en tu corazón. Agradécele por las bendiciones que has recibido. Pídele por tus propias necesidades, así como por las necesidades de los demás. Anota cualquier cambio o acción que desees realizar. Si el Espíritu Santo te conduce a cualquier resolución o aplicación en tu vida, escribirla te ayudará a recordarla. Pídele a Dios que te ayude a vivirla.

4. **Descansa.** Descansa unos minutos en silencio con el Señor. «Ríndanse y reconozcan que soy Dios» (Salmo 46:10). Este período de descanso permite que las meditaciones y oraciones del día se vayan de tu mente hasta tu corazón mientras permaneces en el abrazo amoroso del Padre.

Consejos para crear un hábito de oración diario

Reserva un horario

- Trata de pasar algún tiempo con Dios durante por lo menos un período ininterrumpido, no mientras conduces o hace otras actividades. ¡No haga varias tareas a la vez! Recuerda cómo se siente cuando estás en medio de una conversación con un amigo que de repente saca su teléfono y comienza a enviar mensajes de texto. Es un buen hábito mantener la presencia de Dios durante todo el día cuando estás haciendo otras cosas, pero dedica también un tiempo específico para enfocarte únicamente en Dios.

- Un tiempo programado ayuda a construir el hábito de la oración. Fijarte una hora regular cada día es la manera más segura de hacer que tu tiempo de oración suceda.

- Ora por la mañana si es posible.

- Orar y escuchar a Dios a primera hora de la mañana es lo mejor para muchas personas porque nada interfiere con tu oración si no sucede nada más.

- La oración de la mañana te permite literalmente buscar «primero el reino de Dios» (Mateo 6:33). También te permite la oportunidad de recuperar tu oración en algún momento posterior del día si una circunstancia imprevista interrumpe tu tiempo de oración matutina.

- Orar a primera hora de la mañana ha sido la práctica preferida de muchos santos y cristianos a lo largo de la historia, y Jesús mismo a menudo se levantaba antes del amanecer para orar en soledad.

- ¡Pero ora cómo y cuándo puedas! Es más importante programar una hora cada día que programar una hora ideal que no vas a cumplir. Si no puedes hacer tu tiempo diario de oración en la mañana, te recomendamos que comiences tu día con una simple ofrenda matutina.

No dejes que el «método» se interponga en el camino

Los cuatro pasos de la *lectio divina* pueden ayudar, pero no dejes que estos te limiten. Teresa de Ávila decía que la oración era «tratar de amistad». Una conversación entre amigos sería extraña y forzada si siempre siguiera una rutina o fórmula. Prueba diferentes maneras de hablar, escuchar y simplemente estar con Dios.

Explora otras inspiraciones o métodos para la oración. Usa el Padrenuestro o el Ordinario de la Misa como esquema de los diversos tipos de oración y petición.

A veces las palabras se interponen en el camino de una comunicación más profunda. Los amantes se miran a los ojos sin hablar. Padres e hijos se abrazan y no dicen nada. La única manera de escuchar a alguien, incluyendo a Dios, es estar en silencio. Cualquier amistad en la que nunca estés callado y atento se desvanecerá. Comienza y termina cada tiempo de oración con un minuto de silencio para descansar en la presencia de Dios.

Consejos adicionales

- Sé tú mismo y acércate a Dios tal como eres, no como crees que debes ser.

- Fíjate objetivos alcanzables

- No pases por alto los mecanismos humanos que te permitirán ser fiel a la oración diaria: ponlo en tu calendario; pon la cafetera la noche anterior para que esté lista para tu café matutino con Jesús; comprométete a ignorar los medios sociales y el correo electrónico hasta que hayas orado. ¡Pon tu alarma en el otro lado de la habitación para no apretar el botón de repetición durante 15 minutos!

- Si estás distraído, simplemente persevera. Lleva esas distracciones a la oración o escríbelas, para que puedas volver a ellas en un mejor momento.

Pídele a tu Ángel de la Guarda que se encargue de ello. A Dios no le importa si estamos distraídos. Lo que él desea es el amor con el que devolvemos nuestra atención a él. Muchos encuentran útil utilizar un pequeño cuaderno o diario para ayudar a concentrarse en sus tiempos de oración.

- No idealices demasiado tu oración. La mayoría de las veces, no se «sentirá» perfecta, ni como si algo que está realmente transformando tu vida. Habrá interrupciones inesperadas, sequedad, distracciones y otras cosas que interfieran. Experimentarás momentos de alegría y de lucha en la oración. Después de un tiempo de oración, resiste la tentación de evaluar «cómo te fue». Sólo sé fiel, y con el tiempo crecerás en tu habilidad para orar y seguir las sutiles mociones del Espíritu a lo largo de tu día.

Apéndice C
Una guía para la Sacramento de la Reconciliación

Si ha pasado mucho tiempo desde la última vez que te confesaste, o si nunca la ha hecho, tal vez dudes y estés inseguro. No deje que estos sentimientos tan comunes se interpongan en tu camino. Reconciliarse con Dios y la Iglesia siempre trae gran alegría. Da el paso, ¡te alegrarás de haberlo hecho!

Si te ayuda a aliviar tus temores, familiarízate con la descripción paso a paso del proceso indicada a continuación. La mayoría de los sacerdotes se complacen en ayudar a cualquiera que esté dispuesto a correr el riesgo. Si olvidas algo, el sacerdote te lo recordará. Así que no te preocupes por memorizar cada paso y palabra. Recuerda, Jesús no te está dando una prueba; ¡él solo quiere que experimentes la gracia de su misericordia!

Los católicos creemos que el sacerdote actúa in persona Christi, «en la persona de Cristo». La belleza de los sacramentos es que nos tocan ambos física y espiritualmente. En el nivel físico, en la Confesión escuchamos las palabras de absolución a través de la persona del sacerdote. En el nivel espiritual, sabemos que es Cristo quien nos asegura que realmente nos ha perdonado. ¡Somos purificados!

Por lo general, tienes la opción de ir a confesión de forma anónima, en un confesionario o en una habitación con una pantalla, o cara a cara con el sacerdote. El sacerdote aceptará la opción que quieras.

Pasos del Sacramento de la Reconciliación

1. Prepárate para recibir el Sacramento orando y examinando tu conciencia. Si necesitas ayuda, puede encontrar muchas listas diferentes de preguntas en línea que te ayudarán a examinar tu conciencia.

2. Una vez que estés con el sacerdote, comienza haciendo la Señal de la Cruz mientras saludas al sacerdote con estas palabras: «Bendíceme padre, porque he pecado». Entonces dile cuánto tiempo ha pasado desde tu última confesión. Si es tu primera confesión, díselo.

3. Confiesa tus pecados al sacerdote. Si no estás seguro de nada, pídele que te ayude. Pon tu confianza en Dios, que es un Padre misericordioso y amoroso.

4. Cuando termines, indícalo diciendo: «Pido perdón por estos y todos mis pecados». No te preocupes más tarde si te has olvidado algo. Esta declaración final cubre todo lo que no se recordabas en el momento. Confía en que Dios te recordará lo que quiere que abordes.

5. El sacerdote te asignará una penitencia, como una oración, una lectura de las Escrituras, o una obra de misericordia, servicio o sacrificio.

6. Expresa dolor por tus pecados diciendo un Acto de Contrición. El siguiente es un Acto de Contrición tradicional que usted puedes usar. Muchas otras versiones se pueden encontrar en línea, o puedes simplemente decir que lo sientes con tus propias palabras.

Acto de Contrición:

Pésame, Dios mío, y me arrepiento de todo corazón de haberte ofendido. Pésame por el Infierno que merecí y por el Cielo que perdí; pero mucho más me pesa, porque pecando ofendí a un Dios tan bueno y tan grande como Vos. Antes querría haber muerto que haberos ofendido, y propongo firmemente no pecar más, y evitar todas las ocasiones próximas de pecado. Amén.

7. El sacerdote, actuando en la persona de Cristo, te absuelve tus pecados con una oración que termina diciendo: «Y yo te absuelvo de tus pecados en el nombre del Padre, del Hijo y del Espíritu Santo». Responde haciendo la Señal de la Cruz y diciendo: «Amén».

8. El sacerdote ofrecerá alguna proclamación de alabanza, como «Den gracias al Señor, porque es bueno» (Salmo 136:1). Puedes responder: «su misericordia es eterna».

9. El sacerdote te despedirá.

10. Asegúrate de completar tu penitencia asignada de inmediato o tan pronto como sea posible.

APÉNDICES

Para facilitadores

Apéndice D: La función de un facilitador

Apéndice E: Dirigiendo la Oración y «Conexión a la Cruz esta semana».

Apéndice F: Guía para cada sesión de «Con Jesús a la Cruz», Año A

Apéndice D
La función de un facilitador

Tal vez ninguna habilidad es más importante para el éxito de un grupo pequeño que la capacidad de facilitar una discusión con amor. Es el Espíritu Santo de Dios que trabaja a través de nuestro viaje espiritual personal, no necesariamente nuestro conocimiento teológico, lo que hace que esto sea posible.

Las siguientes pautas pueden ayudar a los facilitadores a evitar algunos de los escollos comunes de la discusión en grupos pequeños. El objetivo es abrir la puerta para que el Espíritu tome la iniciativa y guíe cada respuesta porque ustedes están en sintonía con sus movimientos.

Ora diariamente y antes de la reunión de tu grupo pequeño. ¡Esta es la única forma en que puedes aprender a sentir las amables mociones del Espíritu cuando éstas vienen!

Eres un animador/facilitador, no un maestro

Como facilitador, puede ser extremadamente tentador responder cada pregunta. Puedes tener excelentes respuestas y estar emocionado de compartirlas con sus hermanos y hermanas en Cristo. Sin embargo, un método más socrático, mediante el cual intentas obtener respuestas de los participantes, es mucho más fructífero para todos los demás y para usted también.

Adquiere el hábito de reflejar las preguntas o comentarios de los participantes a todo el grupo antes de ofrecer tu propia opinión. No es necesario que tú, como facilitador, participes de inmediato en la discusión ni ofrezcas una respuesta magistral. Cuando otros hayan tratado suficientemente un problema, intenta ejercer moderación en sus comentarios. Simplemente afirma lo que se ha dicho; luego agradéceles y sigue adelante.

Si no sabes la respuesta a una pregunta, pídele a un participante que la busque en el *Catecismo de la Iglesia Católica* y la lea en voz alta al grupo. Si no puedes encontrar una respuesta, solicita a alguien que investigue la pregunta para la próxima sesión. Nunca te sientas avergonzado de decir: «No sé». Simplemente reconoce la calidad de la pregunta y ofrécete para hacer un seguimiento con esa persona después de que hayas investigado un poco. Recuerda, eres un facilitador, no un maestro.

Afirmar y alentar

Es más probable que repitamos un comportamiento cuando éste es alentado abiertamente. Si deseas una participación y un intercambio más activos, confirma positivamente las respuestas de los miembros del grupo. Esto es especialmente importante si las personas comparten desde sus corazones. Un simple «Gracias por haber compartido eso» puede ser de gran ayuda para fomentar la discusión en tu grupo pequeño.

Si alguien ha ofrecido una respuesta teológicamente cuestionable, no te pongas nervioso o combativo. Espera hasta que otros hayan ofrecido su opinión. Es muy probable que alguien ofrezca una respuesta más útil, que puedes afirmar diciendo algo como «Esa es la perspectiva cristiana sobre ese tema. Gracias».

Si no se da una respuesta aceptable y tú conoces la respuesta, ten mucho cuidado y respeto en sus comentarios para no parecer presumido o farisaico. Puedes comenzar con algo como «Esas son perspectivas interesantes. Lo que la Iglesia ha dicho sobre esto es . . . ».

Evita digresiones inútiles

Nada puede descarrilar una discusión llena de Espíritu más rápidamente que una digresión innecesaria. Intenta mantener la sesión por el buen camino. Si la conversación se aparta del tema, pregúntate: «¿Es esta una digresión guiada por el Espíritu?». ¡Pregúntale al Espíritu Santo también! Si no, haz volver al grupo al punto de conversación haciendo una pregunta que dirija la conversación al pasaje de las Escrituras o a un tema sobre el cual hayan estado discutiendo. Incluso puedas sugerir amablemente: «¿Nos hemos alejado un poco del tema, tal vez?». La mayoría de los participantes responderán positivamente y volverán al tema a través de esa manera de guiar sensible.

Dicho esto, algunas digresiones pueden valer la pena si percibes un movimiento del Espíritu. Puede ser exactamente adonde Dios quiere dirigir la discusión. Descubrirás que correr riesgos puede producir hermosos resultados.

No temas el silencio

Acepta los silencios. La mayoría de la gente necesita uno o dos momentos para responder a una pregunta. Naturalmente, la gente necesita tiempo para formular sus pensamientos y ponerlos en palabras. Algunos pueden necesitar un momento para darse coraje para hablar.

Independientemente de la razón, no temas un breve momento de silencio después de hacer una pregunta. Permite que todos en el grupo sepan desde el comienzo que ese silencio es una parte integral de la discusión normal en grupos pequeños. No necesitan estar ansiosos o incómodos cuando esto sucede. ¡Dios trabaja en silencio!

Esto se aplica también a los momentos de oración. Si nadie comparte o reza luego de una cantidad de tiempo suficiente, avanza gentilmente.

El poder de la hospitalidad

Un poco de hospitalidad puede llegar lejos en la creación de la comunidad. A todos les gusta sentir que uno se preocupa de ellos. Esto es especialmente cierto en un grupo pequeño cuyo propósito es conectarse con Jesucristo, un modelo de atención, apoyo y compasión.

Saluda a los participantes personalmente cuando vengan por primera vez. Pregúntales cómo estuvo tu jornada. Tómate tu tiempo para participar en las vidas de los participantes de tu grupo pequeño. Presta especial atención a los recién llegados. Haz un esfuerzo de recordar el nombre de cada persona. Ayuda a todos a sentirse cómodos y en casa. Permite que tu grupo pequeño sea un entorno donde las relaciones auténticas tomen forma y florezcan.

Fomenta la participación

Ayuda a todos a participar, especialmente a aquellos que son naturalmente menos expresivos o extrovertidos. Para alentar la participación inicialmente, siempre invita a varios miembros del grupo a leer en voz alta las lecturas seleccionadas. En el futuro, incluso después de que la mayoría del grupo se sienta cómoda compartiendo, es posible que todavía tenga algunos miembros más tranquilos que rara vez ofrecen una respuesta voluntaria a una pregunta pero que estarían encantados de leer.

¿Meteorología?

Vigila el «barómetro del Espíritu Santo». ¿La discusión es agradable al Espíritu Santo? ¿Esta conversación conduce a los participantes a una conexión personal más profunda con Jesucristo? Es importante discutir los aspectos intelectuales de nuestra fe, pero la conversación a veces puede degenerar en un despliegue no edificante de intelecto y ego. Otras veces, la discusión se convierte en una oportunidad para chismorrear, detraer, quejarse o incluso difamar. Cuando esto sucede, ¡casi puedes sentirse que el Espíritu Santo abandona la habitación!

Si eres consciente de que esta dinámica ha invadido una discusión, tómate un momento para orar en silencio en tu corazón. Pídele al Espíritu Santo que te ayude a llevar la conversación a un tema más sano. Esto a menudo se puede lograr simplemente pasando a la siguiente pregunta.

Ritmo

Por lo general, lo mejor para ti es establecer el ritmo de la sesión para que finalice en el tiempo asignado, pero a veces esto puede ser imposible sin sacrificar una conversación de calidad. Si llegas al final de tu reunión y descubres que has cubierto solo la mitad del material, ¡no te preocupes! Esto es a menudo el resultado de una animada discusión llena del Espíritu y de una reflexión teológica significativa.

En tal caso, puede tomar tiempo en otra reunión para cubrir el resto del material. Si solo te queda una pequeña porción, puedes pedirles a los participantes que oren sobre esta porción por su cuenta y que vengan a la siguiente reunión con cualquier pregunta o idea que puedan tener. Incluso si debes omitir una sección para terminar a tiempo, asegúrate de dejar tiempo suficiente para la oración y para revisar la sección «Encuentro con Cristo esta Semana». Esto es vital para ayudar a los participantes a integrar sus descubrimientos hechos en el grupo en sus vidas diarias.

Amistades genuinas

La mejor manera de mostrar el amor e interés de Jesús en los miembros de tu grupo pequeño es reunirse con ellos para tomar un café, un postre o una comida fuera del horario de tu grupo pequeño.

Puedes comenzar sugiriendo que todo el grupo se reúna para tomar un helado o algún otro evento social en un momento diferente del que se reúnen normalmente. La socialización permitirá que se desarrollen las relaciones. Esto proporciona la oportunidad para diferentes tipos de conversaciones que las sesiones de grupos pequeños permiten. Notarás una diferencia inmediata en la calidad de la comunidad en tu grupo pequeño en la próxima reunión.

Después de este primer encuentro del grupo, trata de reunirte cara a cara con cada persona de tu grupo pequeño. Esto permite una conversación más profunda y un intercambio personal, brindándote la oportunidad de conocer mejor a cada participante para que puedas amarlos y ocuparte de ellos como lo haría Jesús.

Jesús llamó a los doce apóstoles para que pudieran «estar con él» (Marcos 3:14). Cuando las personas pasan tiempo juntas, comen juntas, ríen juntas, lloran juntas y hablan sobre lo que les importa, se desarrolla una intensa comunidad cristiana. Ese es el tipo de comunidad que Jesús estaba tratando de crear, y ese debe ser el tipo de comunidad que tratamos de crear, porque cambia las vidas. ¡Y las vidas cambiadas cambian el mundo!

Alegría

Recuerde que buscar el rostro del Señor trae alegría. Nada es más satisfactorio, más esclarecedor y más hermoso que fomentar una relación profunda y duradera con Jesucristo. Abraza a tus participantes y todo el itinerario espiritual con un espíritu de espera gozosa de lo que Dios quiere lograr.

Les he dicho esto para que participen de mi alegría y sean plenamente felices.
−Juan 15:11

Apéndice E
Dirigiendo la Oración y «Conexión a la Cruz esta Semana»

Oración inicial

Hemos brindado una oración inicial guiada en la mayoría de las sesiones porque ésta puede ayudar a las personas que son completamente nuevas en los grupos pequeños y en la oración espontánea a sentirse más a gusto. Si todos o la mayoría de las personas presentes ya se sienten cómodas hablando con Dios en sus propias palabras en voz alta en un grupo, no necesitarán estas oraciones en absoluto. En los grupos pequeños, siempre es mejor hablar con Dios desde nuestros corazones. Esto contribuye a la intimidad del grupo y también construye la intimidad individual con Dios.

Dado que algunas personas nunca han presenciado la oración espontánea, es parte de tu función el dar ejemplo de cómo hacerla. Las oraciones que provienen del corazón que habla en voz alta demuestran cómo hablar con Dios de manera honesta y abierta. Ver a alguien orar de esta manera expande el entendimiento de la persona de quién es Dios y la relación que ella puede tener con Jesucristo.

Puedes crecer en la oración improvisada orando en voz alta directamente a Jesús durante tu tiempo personal de oración y mientras te preparas para el grupo. Esto ayudará a «cebar la bomba», por así decirlo.

Incluso si disfrutas orando espontáneamente en voz alta, tu objetivo como facilitador es proporcionar oportunidades para que todos crezcan espiritualmente. Las personas que rezan en voz alta con otros crecen a pasos agigantados. En la primera reunión, dile al grupo que dejarás tiempo al final de tu oración improvisada para que otros expresen sus oraciones. Tan pronto como el grupo parezca haber crecido en esto, invita a otras personas a abrir el grupo con la oración en lugar de guiarla usted mismo o usar la oración provista.

Si no lo haces en la primera reunión, en la segunda semana reza la oración de apertura con tus propias palabras. Aquí hay algunas fórmulas simples para incluir:

1. ¡Alabado sea Dios! Di qué Dios tan grande y maravilloso es nuestro Padre. Usa el lenguaje de los salmos de alabanza si no tienes el tuyo propio. Simplemente busca en línea «salmos de alabanza».

2. ¡Da gracias a Dios! Da gracias al Señor por el don de reunirnos juntos. Dale gracias por dar a cada persona presente el deseo de sacrificar su tiempo para asistir al grupo. Agradécele por la bendición de tu parroquia o comunidad universitaria.

3. Pídele a Dios por sus necesidades. Pídele a Dios que bendiga su tiempo juntos y que sea fructífero para todos los presentes, así como para su reino. Pídale a Jesús que esté con ustedes, que son dos o tres reunidos en su nombre. Pide al Espíritu Santo que abra los corazones, ilumine las mentes y profundice la experiencia de cada persona a través de los pasajes de las Escrituras que ustedes leerán y discutirán. Pide al Espíritu Santo que guíe la conversación para que todos puedan crecer.

4. Cierra invocando a Jesús: «Te lo pedimos por Cristo nuestro Señor» o «Te lo pedimos en el nombre de Jesús».

5. Terminen con la señal de la Cruz.

Algunos elementos esenciales para la oración espontánea

- Habla en la primera persona del plural: «nosotros». Por ejemplo, «Espíritu Santo, te pedimos que abras nuestros corazones...». Está bien agregar una frase pidiéndole al Espíritu Santo que te ayude a facilitar la conversación como él quiera o algo en ese sentido, pero la mayor parte de la oración debería ser por todo el grupo.

- Habla directamente a Jesús nuestro Señor. Esto puede parecer obvio, pero entre los laicos católicos, no se practica ni ejerce con frecuencia. Esto es algo muy evangélico en el sentido de que testifica del evangelio. No sólo demuestra cuánto creemos que el Señor nos ama, sino que ¡también demuestra nuestra confianza en que Jesús mismo nos está escuchando! Al decir el nombre de nuestro Señor, nos recordamos a nosotros mismos, así como a quienes nos escuchan, que no estamos hablando solo con nosotros mismos. Esto construye la fe.

- Usted y cualquier persona que no esté acostumbrada a escuchar a alguien orar directamente a Jesús puede sentirse un poco incómoda al principio. Pero los miembros del grupo rápidamente se sentirán más cómodos cuando escuchen estas oraciones repetidamente y experimenten más intimidad con Jesús. Ten siempre presente que muchas gracias provienen de orar el «nombre superior a todo nombre» (Filipenses 2:9).

- Si nunca has orado públicamente a Jesús, puedes sentirte infantil al principio, pero ora pidiendo la humildad de un niño. Después de todo, ¡Jesús dijo que debemos «ser como niños» (Mateo 18:3)! Mientras más oremos directamente a Jesús en nuestra oración personal, menos incómodos nos sentiremos cuando oremos a él públicamente.

- Demuestra una gran fe confianza en que el Señor escucha tu oración y la contestará. Es fantástico decir simplemente en la oración: «¡Jesús, en ti confiamos!».

- Siempre puedes cerrar la oración improvisada invitando al grupo a unirse en una oración de la Iglesia, como el Gloria, el Padre Nuestro o el Ave María. Esto llevará a todos a la oración si antes, sólo una persona estaba orando en voz alta de manera espontánea.

Oración conclusiva

Para la oración conclusiva, recomendamos que siempre realicen una oración improvisada, incluso si usan la oración provista. Ninguna oración escrita puede abordar los pensamientos, preocupaciones, sentimientos e inspiraciones que surgen durante la discusión.

Si algunos miembros del grupo ya se sienten cómodos orando en voz alta con sus propias palabras, invita al grupo a unirse a la oración conclusiva de inmediato. Si no, espera una semana o dos. Una vez que sientas que el grupo tiene la familiaridad para evitar que esto sea demasiado incómodo, invita a todos a participar. Podrías decirle al grupo que comenzarás la oración conclusiva y luego dejarás un tiempo de silencio para que ellos también puedan orar en voz alta. Asegúrate de que sepan que cerrarás la oración del grupo guiándolos a un Padre Nuestro después de que todos hayan terminado de orar espontáneamente. Esta estructura ayuda a las personas a sentir que el tiempo está contenido y que no le falta estructura. Eso los ayuda a liberarlos para rezar en voz alta.

A continuación hay algunas maneras posibles de introducir a su grupo a la oración improvisada oral. No leas estas sugerencias literalmente, ponlas en sus propias palabras. ¡No es propicio ayudar a las personas a sentirse cómodas orando en voz alta si estás leyendo de un libro!

> «La oración conclusiva es un gran momento para tomar las reflexiones que hemos compartido, llevarlas a Dios y pedirle que nos ayude a hacer de cualquier inspiración una realidad en nuestras vidas. A Dios no le importa cuán bien hablados o articulados somos cuando oramos, ¡así que tampoco debería importarnos a nosotros! No juzgamos las oraciones de los demás. Recemos desde nuestros corazones, sabiendo que Dios escucha y se preocupa por lo que decimos, no por lo perfectamente que lo decimos. Cuando rezamos algo en voz alta, sabemos que el Espíritu Santo actúa poderosamente dentro de nosotros porque es el Espíritu el que nos da el coraje de hablar».

> «Esta noche, como oración conclusiva, expresemos primero cada uno de nuestras necesidades a los demás; entonces nos turnaremos para orar por la per-

sona a nuestra derecha. Después de que cada uno de nosotros exprese sus necesidades de oración, comenzaré orando por Karen a mi derecha. Eso significa que necesito escuchar con atención cuando ella nos dice por qué ella necesita oración. Es posible que no recordemos las necesidades de todos, así que asegúrense de escuchar bien a la persona a su derecha. Voy a expresar mis necesidades de oración primero; luego daremos la vuelta al círculo por la derecha. Entonces comenzaré con la Señal de la Cruz y oraré por Karen. ¿OK? ¿Alguien tiene alguna pregunta?».

Encuentro con Cristo esta Semana

Estos ejercicios semanales de oración y reflexión permiten a Jesús entrar más plenamente en tu corazón y el de los miembros de tu grupo pequeño. Si no le damos a Dios el tiempo que le permite trabajar en nosotros, experimentamos mucho menos fruto de nuestras discusiones en grupos pequeños. La oración y la reflexión riegan las semillas que se han plantado durante el grupo pequeño para que puedan echar raíces. Sin el «agua» de la oración y la reflexión, el sol quemará la semilla, y se marchitará y morirá, ya que «no tenían raíces» (Marcos 4:6). El encontrarnos solos con Cristo durante la semana nos permite estar «enraizados" (Colosenses 2:7) en Cristo y beber profundamente del «agua viva» (Juan 4:10) que él anhela derramar en nuestro almas.

Revisa con anticipación la sección «Encuentro con Cristo esta Semana» para que estés familiarizado con ella, y luego juntos como grupo durante cada reunión. Revisarla juntos mostrará a todos que es una parte importante del grupo pequeño. Pídeles retroalimentación cada semana sobre cómo van estos ejercicios de oración y reflexión. Pero no dediques demasiado tiempo a este tema, especialmente en las primeras semanas, ya que los miembros todavía están en el proceso de sentirse cómodos juntos y más acostumbrados a orar solos.

Preguntar acerca de su experiencia con la oración, el sacramento o el ejercicio espiritual recomendados te ayudará a saber quién está hambriento de crecimiento espiritual y quién podría necesitar más estímulo. El testimonio de las historias de los participantes en sus momentos de oración puede encender el interés de otros que están menos motivados para orar.

Apéndice F
Una guía para cada sesión de Con Jesús a la Cruz: Año A

Las siguientes notas te ayudarán a estar mejor preparado para animar cada sesión. Incluyen sugerencias para ayudar a los participantes a sentirse cómodos con el grupo, para tratar temas delicados y preguntas difíciles, para aprender a orar en voz alta juntos y para celebrar juntos la resurrección. Revisa las notas de cada sesión mientras te preparas cada semana.

1º domingo de Cuaresma: Entra en el desierto

La oración espontánea requiere que hablemos con Dios como si realmente estuviera allí y escuchando, ¡porque lo está! Durante una oración recitada, es fácil que la persona que no esté leyendo se distraiga. La oración, aunque sea bella e inspiradora, podría no responder a las preocupaciones genuinas de los miembros del grupo.

Es por eso que en la Semana 1, animamos al grupo, si es posible, a orar espontáneamente. Debes venir preparado para demostrar esta forma de orar en la primera sesión. Escucharte orar espontáneamente da a los miembros de tu grupo un modelo de oración en voz alta con sus propias palabras, lo cual puede ser completamente nuevo para ellos. Las oraciones escritas de apertura en cada sesión deben usarse después de un período de oración espontánea; deben utilizarse solas como último recurso. Las oraciones finales pueden ser usadas en conjunto con la oración espontánea que habla de lo que ha sucedido durante la sesión. Es mucho mejor rezar una o dos oraciones que salen del corazón que leer meticulosamente una oración escrita muy hermosa pero potencialmente menos relevante. Esto se aplica a todas las sesiones.

Los cuarenta días de Jesús en el desierto, un tiempo intenso de ayuno y de confrontación con la presencia real del mal, es el modelo principal de la Cuaresma. Durante este tiempo, el Espíritu Santo nos lleva también a un «lugar desierto», si estamos dispuestos a seguir su guía. En el desierto, podemos experimentar la desolación del pecado y darnos cuenta una vez más de nuestra absoluta dependencia de Dios.

La discusión inicial y la breve reflexión de Henri Nouwen ayudarán al grupo a reflexionar juntos sobre la preparación para la Cuaresma. Nuestro objetivo durante la Semana 1 es ayudar a los participantes a considerar profundamente durante su oración privada cómo la Cuaresma podría sembrar semillas de transformación en sus corazones.

Inherente a este Evangelio y a todas las lecturas de la Cuaresma está la idea de que las dificultades y las experiencias en el desierto, como las de Jesús, no son siempre tiempos miserables que hay que soportar, sino que también pueden ser oportunidades para que Dios nos acerque y cuide de nosotros. «Dios dispone todas las cosas para el bien de los que le aman» (Romanos 8:28). Dios puede usar la privación y la tentación del desierto para producir riquezas de algunos de los períodos más estériles de nuestras vidas.

Para una hermosa aplicación personal de las tentaciones de Jesús, lee la obra de Henri Nouwen *En el nombre de Jesús*.[19]

---

[19] Henri Nouwen, *In the Name of Jesus: Reflections on Christian Leadership* [*En el nombre de Jesús: Reflexiones sobre el liderazgo cristiano*] (Nueva York: Crossroads Publishing, 1992).

2º domingo de Cuaresma: Fuerza para el viaje

Para ahorrar tiempo, invita a uno o dos miembros del grupo a compartir experiencias para la «Discusión de apertura».

Tal vez quieras revisar Éxodo 34:29-35, la prefiguración del Antiguo Testamento de la transfiguración. Esto no es esencial, pero añadirá algo de profundidad a la historia del Monte Tabor que podría enriquecer tu preparación.

La segunda lectura, 2 Timoteo 1:8-10, toca el difícil problema del papel de la fe y las obras en nuestra salvación, un asunto que a menudo ha dividido a católicos y protestantes. Para que no haya confusión, la Iglesia Católica enseña que somos salvos por gracia a través de la fe en Jesucristo. Sólo la oferta gratuita de Dios hace posible la vida eterna; no nos la ganamos (ver *Catecismo de la Iglesia Católica,* 1996–2005).

Esta enseñanza podría plantear preguntas sobre el valor de nuestras acciones, incluyendo las prácticas penitenciales cuaresmales de sacrificio. Si esto sucede, primero pregunte al grupo si alguien tiene una respuesta a la cuestión. En caso de que una respuesta adecuada no salga a la luz, explica que la Iglesia presenta un escenario clásico de «ambos/y» en relación con esta cuestión. Si bien es cierto que la salvación viene sólo a través del don misericordioso de Dios, también es cierto que Dios nos pide que cooperemos con esa gracia para que dé fruto en nuestras vidas y en el mundo. Es como si Dios nos hubiera dado un regalo, pero tenemos que abrirlo.

Incluso nuestra capacidad de cooperar con la iniciativa salvadora de Dios en nuestras vidas es una extensión de la gracia divina. Pablo expresa esto maravillosamente en su carta a los Efesios: «Porque ustedes han sido salvados por la fe, no por mérito propio, sino por la gracia de Dios; y no por las obras, para que nadie se gloríe. Somos obra suya, creados por medio de Cristo Jesús para realizar las buenas acciones que Dios nos había asignado como tarea» (2:8-10). Las obras no son la causa de nuestra salvación; son el resultado de ello.

Si no se llega a una conclusión satisfactoria, pide a la persona más interesada en este tema que investigue un poco y presente un informe en la próxima reunión.

3° domingo de Cuaresma: Experimenta el agua viva

Dar información de fondo sobre las actitudes de los judíos hacia los samaritanos ayudará a proporcionar un contexto para esta sesión. En respuesta a la pregunta 2, si los participantes no son conscientes de lo notable que es la interacción de Jesús con la mujer samaritana, ofrece una breve enseñanza. Los judíos y los samaritanos tenían una relación larga y antagónica por múltiples causas. Los samaritanos, siguiendo una corriente diferente de la práctica hebrea, se negaron a adorar en Jerusalén. Los judíos los despreciaban por casarse con los asirios (gentiles), que los habían invadido.[20] Además, debido a que Samaria estaba situada entre Jerusalén y Galilea, los judíos tenían que pasar por un territorio poco amistoso y a veces peligroso mientras viajaban de un lado a otro para asistir a las festividades religiosas observadas en una peregrinación al Templo.[21]

Debido a estas divisiones religiosas, culturales y políticas, los judíos simplemente no hablaban con los samaritanos, particularmente los judíos varones con las samaritanas mujeres. Es extraordinario que Jesús se acercara a esta mujer en un lugar público, y aún más sorprendente que le pidiera un trago de agua. Las mujeres samaritanas eran consideradas ritualmente impuras. A los judíos se les prohibía aceptar agua

---

[20] Raymond E. Brown, SS, *The Gospel According to John [El Evangelio según Juan] I–XII* (Garden City, NY: Double Day, 1966), pág. 170.

[21] Raymond E. Brown, SS; Joseph A. Fitzmyer, SJ, y Roland E. Murphy, OCarm, *New Jerome Biblical Commentary* (Englewood Cliffs, NJ: Prentice Hall, 1990), pág. 701.

de ellos en sus vasijas impuras. La mujer samaritana pregunta cómo Jesús espera conseguir agua cuando ni siquiera tiene tu propio cubo porque normalmente un judío nunca usaría el cubo de ella. La manera en que Jesús derriba todas las barreras para llegar a esta mujer debe animar a los miembros del grupo a confiar en que Jesús mostrará la misma misericordia y persistencia en llegar a ellos.

4º domingo de Cuaresma: Vive en la luz

La pregunta inicial de la discusión sobre las experiencias del Sacramento de la Reconciliación podría suscitar respuestas cortas, recortadas, o desviadas hacia largos relatos de experiencias dolorosas con sacerdotes, o inquietud con la idea de contar los propios pecados a otra persona. No permitas que los relatos de experiencias negativas de Confesión se alarguen demasiado. Si alguien describe una experiencia positiva, concéntrate en ello. Hacer preguntas para obtener más detalles sobre por qué y cómo el sacramento le dio vida y esperanza a la persona en una situación específica ayudará a desviar la atención de historias a veces entretenidas pero no siempre edificantes.

No ignores a los participantes que comparten experiencias negativas u opiniones personales sobre el valor del sacramento. Responde juiciosamente, reconociendo que tales experiencias de Confesión pueden haber sido dolorosas, atemorizantes o mortificantes para esa persona. Si alguien expresa la opinión de que la Confesión no es valiosa, reconoce lo que él o ella dice y luego saca a la luz la experiencia positiva de otros o comparte la tuya propia. Escucha con compasión mientras tratas de proteger al grupo de escuchar demasiadas historias u opiniones negativas.

La pregunta 3 sobre la progresión de las respuestas del ciego revela su creciente discernimiento espiritual. La pregunta 4 sobre las respuestas de los fariseos muestra el paralelismo que Juan empleó en la construcción de este pasaje (pero si necesitas eliminar una pregunta debido a limitaciones de tiempo, omite ésta). Mientras que, por un lado, el hombre ciego de nacimiento está creciendo en perspicacia y termina profesando fe en Jesús, las interrogaciones de los fariseos revelan lo contrario: su ceguera que los endurece.

Al revisar «Conexión a la Cruz esta Semana», anima a los participantes a tomar tiempo para examinar sus conciencias en preparación para la Reconciliación esa semana. Una guía para el examen de conciencia (en inglés) se puede encontrar en línea en http://www.usccb.org/prayer-and-worship/sacraments-and-sacramentals/penance/examinations-of-conscience.cfm; hay muchos otros disponibles en español en Internet.

5º domingo de Cuaresma: Una cuestión de vida o muerte

La historia de Lázaro es muy rica. Tu conversación puede ir en varias direcciones que valen la pena seguirse. Ora y busca la guía del Espíritu Santo sobre hasta dónde seguir cualquier tema que surja.

Como siempre, si alguien no sabe o no puede explicar por qué se destaca un pasaje, hazle algunas preguntas a esa persona y haz participar a los otros miembros del grupo para provocar la discusión. A veces, escuchar los comentarios de otra persona sobre el pasaje de las Escrituras puede convertirse en una palabra del Espíritu Santo para esa persona, ayudándoles a entender por qué Dios llamó su atención a estas palabras. Si la discusión toca los temas tratados en las próximas preguntas, sáltalas o modifícalos para evitar que se repitan.

La pregunta 7 pide al grupo que especule sobre la motivación de Jesús. Asegura a tu grupo que no hay una respuesta equivocada. Cuando tratamos de imaginar o especular por qué Jesús hizo algo, le damos al Espíritu Santo una oportunidad, permitiéndole que nos mueva nuestros pensamientos y consideraciones.

Domingo de Ramos: La Pasión del Señor

Esta sesión está designada para la semana anterior al Domingo de Ramos. Si tu grupo comenzó a reunirse más tarde, después del comienzo de la Cuaresma, la sesión puede tener lugar durante la Semana Santa. (Un recordatorio: sugerimos que los grupos pequeños programen la sesión de Pascua durante la Octava de Pascua, la semana siguiente al Triduo). Esta sesión para el Domingo de Ramos también incluye una sugerencia alternativa para los grupos que quieran reunirse durante la Semana Santa: ver una película de la Pasión en grupo. Esto es totalmente opcional.

Para entrar en la sesión, guarda las oraciones espontáneas para la «Oración conclusiva» y haz una «Oración inicial» breve y sencilla. Mientras te preparas, asegúrate de dejar al menos diez minutos para la «Oración conclusiva». Es fácil acortar constantemente el tiempo que se pasa en oración al final para permitir más tiempo para la discusión. Dejar diez minutos para la oración conclusiva permite que cada persona interiorice más profundamente la reflexión y la discusión que ustedes hayan compartido.

Con una lectura tan aleccionadora sobre la traición de Judas a Jesús, un cierre más meditativo y orante parece apropiado, mientras los miembros del grupo se preparan para el Domingo de Ramos y la pasión del Señor. Es por eso que incluimos la *lectio divina* comunitaria en esta sesión. Las instrucciones aparecen a continuación. Debido a que estas instrucciones están diseñadas para un grupo, difieren de las instrucciones para la *lectio divina* personal en el apéndice B.

Lee todo esto varios días antes de la lectura. Para que esta sea una experiencia de oración para el grupo, debes estar familiarizado con lo que vas a decir y hacer. Si quieres pedirle a alguien que lea en voz alta, hazlo antes de la reunión para que la persona pueda practicar y familiarizarse con los pasajes de las Escrituras.

1. Comienza ofreciendo una oración en nombre del grupo, invitando al Espíritu Santo a abrir el corazón de cada persona a la palabra de Dios y a los mensajes que Dios tiene para cada persona.

2. Lee el pasaje en voz alta tú mismo, o invita a un participante que sea capaz de leer despacio y bien. Anima a los miembros del grupo a estar atentos a cualquier palabra o frase que les llame la atención; si hay palabras o frases que plantean una pregunta, los molesta, los consuela o los desafía, no importa. ¡Dios obra de muchas maneras!

3. Deja un minuto o dos de reflexión en silencio: los participantes consideran en silencio la palabra o frase a la que Dios les ha llamado su atención en el pasaje de las Escrituras.

4. Invita a todos los participantes a compartir sólo la palabra o frase sin elaborar. Puedes compartir primero, o pedirle a alguien más que empiece.

5. Lee el pasaje en voz alta tú mismo o invita a un lector a hacerlo. El grupo debe estar atento nuevamente a cualquier otra palabra o frase que les llame la atención.

6. Permite uno o dos minutos de reflexión en silencio. Luego invita al grupo a considerar en silencio lo que el Señor podría estar hablando en sus vidas a partir de este pasaje de las Escrituras. Deja otro minuto de silencio.

7. Invita a todos los participantes a compartir lo siguiente: «Oigo que el Señor me dice . . .». Pide a los participantes que restrinjan sus comentarios a lo que escuchan que el Señor les dice, no a cómo Dios puede estar llamándolos a la acción.

8. Invita a un tercer participante a leer el mismo pasaje una vez más. Pide al grupo que permitan que Dios elabore con más detalle las palabras o frases que les han llamado la atención.

9. Deja un minuto de reflexión en silencio. Pide al grupo que en silencio considere: «¿Qué quiere el Señor que haga hoy o esta semana?». Deja otro minuto de silencio.

10. Invita a cualquier participante que esté dispuesto a compartir lo siguiente: «Creo que el Señor quiere que yo . . .».

11. Deja un tiempo para orar en silencio. Si el Espíritu te guía, puedes invitar al grupo a orar por aquellos que han expresado acciones que el Señor quiere que ellos tomen. Una fórmula sencilla para hacerlo fácilmente: «Señor, te pedimos que _____ tenga el valor y la determinación necesarios para (describir la acción)». Luego desarrolla más, con peticiones específicas a esa persona y lo que el Señor quiere que ella haga.

12. Concluyan rezando juntos el Padrenuestro o pasando directamente a la «Oración conclusiva», repasando la «Conexión a la Cruz esta Semana» después.

Domingo de Pascua: Vayan a Galilea

La Pascua es la cumbre de la vida cristiana, como lo demuestran las lecturas, y la celebración de la liturgia pascual es el punto culminante de la Cuaresma. Sería triste encontrarnos durante toda la Cuaresma, pero nunca celebrar juntos la Pascua. Asegúrense de reunirse durante la Octava de Pascua mientras el misterio y la belleza de la resurrección de Jesús están todavía frescos en su mente.

Trata de animar una conversación que reconozca la alegría y la esperanza de la resurrección. La resurrección debe ser un gran consuelo e inspiración para los seguidores de Jesús. Si Dios puede redimir incluso la crucifixión, esa muerte sangrienta e ignominiosa, entonces Dios puede redimir nuestro propio dolor y sufrimiento y el del mundo entero. Caminaremos «por el valle de sombra de muerte» (Salmo 23,4), pero el Buen Pastor, Jesús, resucitado de entre los muertos, estará con nosotros. Podemos morir con Jesús de miles de maneras en esta vida, pero resucitaremos con él en gloria.

Para la discusión del pasaje de las Escrituras, puedes hacer copias de Mateo 28:16-20, al que se hace referencia en la pregunta 7, a menos que tu grupo traiga regularmente sus biblias. Para esa pregunta, sobre la importancia y las implicaciones de la resurrección, la meta es que las respuestas surjan de la discusión del grupo. Si eso no sucede a pesar de tus mejores esfuerzos para animar la conversación, puedes referirte a la siguiente lista de las consecuencias de la resurrección. Sin embargo, ¡bajo ninguna circunstancia debes leerlas! Trata de encontrar maneras de decir estas ideas con tus propias palabras, o mejor aún, desarrolla preguntas para ayudar a tu grupo a explorarlas.

- A través de la resurrección, Dios demostró definitivamente la identidad divina de Jesús como tu Hijo (Romanos 1:4).

- Por la resurrección, hemos nacido de nuevo en una «esperanza viva» (1 Pedro 1:3), no sólo que seremos resucitados en el último día, sino que podemos vivir nuestros días en la tierra en el poder de la resurrección.

- La resurrección hizo posible que el Dios de Abraham, Isaac y Jacob fuera el Dios de judíos y gentiles por igual (Hechos 26:22-23).

- La resurrección completa el misterio de nuestra salvación. Por su muerte en la cruz, Jesús nos libró del pecado; por su resurrección, Jesús nos restauró a una nueva vida en él.

También de The Evangelical Catholic

Nextstep [El siguiente paso], Volumen 1
Todos lo experimentamos: una profunda brecha en nuestras vidas y en nuestro mundo, entre lo que es y lo que deseamos que sea. Por mucho que lo intentemos, nuestros esfuerzos por arreglar esta brecha por nuestra cuenta fracasan inevitablemente. La buena noticia es que no estamos solos. A través de Jesús, el Espíritu Santo, y los muchos dones en la Iglesia, Dios nos ama, nos sana, nos rescata y nos transforma. A continuación, el Volumen 1 introduce el discipulado: el «sí» que define nuestra vida para Jesús y las prácticas cotidianas de la formación permanente de nuestros corazones. Artículo # BEC6E1

Nextstep [El siguiente paso], Volumen 2
En esta continuación de Nextstep, continuamos el camino de crecer en el discipulado, observando aún más de cerca la naturaleza de la libertad. Como cualquier buen padre, Dios quiere que crezcamos en madurez humana y espiritual a medida que adquirimos los gustos del reino de Dios: eligiendo para nosotros la virtud por encima del vicio y aclimatándonos a los caminos de Dios. El Volumen 2 también se enfoca en mostrar de persona a persona el amor y el cuidado de las personas que el Señor ha puesto en nuestras vidas. Artículo # BEC6E2

The Way [El Camino], Parte 1
Como discípulos católicos de Jesús, maduramos en la medida en que permitimos que el corazón y los hábitos de Jesús y su pueblo sean cada vez más nuestros. Este estudio de seis sesiones explora el discipulado católico cristiano: la amistad con Jesús, la oración y la devoción a las Escrituras. Disponible en español en marzo.
Guía para líderes y personas individuales: Artículo # BEC5E9
Guía del usuario para grupos pequeños: Artículo # BEC5E8

Believe! [¡Cree!]
El encuentro con Jesús en las Escrituras
Cuando la gente «rumina» la palabra de Dios a través de discusiones dinámicas de las Escrituras, el Espíritu Santo revela la persona de Jesús. Esta guía animará a todos, sin importar dónde se encuentren en su vida espiritual, a tener un encuentro personal con Jesús. Las seis sesiones de este estudio se centran en episodios en los que Jesús cambió la vida de las personas. Disponible en español. Artículo # BEC1E5

Asombrado y Asustado: Descubre el poder de Jesús

Asombrado y Asustado está diseñado para ayudar a cualquier persona «aquellos que asisten a la iglesia regularmente y aquellos que nunca antes han conocido a Jesús de una manera significativa» a sumergirse en los Evangelios. Cada una de las seis sesiones presenta una escena sobre Jesús y sus seguidores, seguida de una serie de una serie de preguntas, con el propósito de ayudar a los participantes a comenzar a reflexionar más profundamente sobre su relación con Jesús. Disponible en español. Artículo # BEC4E7

Signos y Prodigios: Encontrando a Jesús de Nazaret

Si queremos saber quién es Jesús, entonces tenemos que descubrir lo que sus amigos dijeron y escribieron sobre él. Podemos encontrar relatos detallados de la vida de Jesús «incluyendo los signos y prodigios que hizo» en los Evangelios. ¿Qué mejor manera de explorar quién es Jesús, o de profundizar la relación que ya tenemos con él, que reflexionar sobre estos relatos? Las seis sesiones incluyen algunos de los episodios más dramáticos del Evangelio. Disponible en español. Artículo # BEC3E6

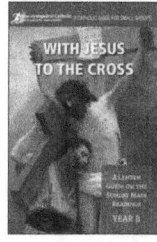

Con Jesús a la Cruz, Año B

Esta guía de siete sesiones está diseñada para aquellos que acaban de comenzar su itinerario de fe, así como para aquellos que quieren profundizar en las Escrituras durante la Cuaresma. Cada sesión tiene una sección de «Conexión con la Cruz» que anima a los participantes en un pequeño grupo a continuar su lectura de las Escrituras y oración durante la semana. Cubre las lecturas de la Misa dominical del Año B desde el primer domingo de Cuaresma hasta la Pascua. Disponible en español. Artículo # BEC2E8

The Way [El Camino], Parte 2

En este segundo volumen de El Camino, continuamos reflexionando sobre nuestra llamada a conocer y seguir a Jesús, particularmente a través de la Eucaristía, la conversión continua, la comunidad de fe y nuestra llamada a la misión. Disponible en español en marzo.
Guía para líderes y personas individuales: Artículo # BEC7E1
Guía del usuario para grupos pequeños: Artículo # BEC7E2

Con Jesús a la Cruz, Año C

Esta guía de siete sesiones está diseñada para aquellos que acaban de comenzar su itinerario de fe, así como para aquellos que quieren profundizar en las Escrituras durante la Cuaresma. Cada sesión tiene una sección de «Conexión con la Cruz» que anima a los participantes en un pequeño grupo a continuar su lectura de las Escrituras y oración durante la semana. Cubre las lecturas de la Misa dominical del Año C desde el primer domingo de Cuaresma hasta la Pascua. Disponible en español. Artículo # BEC2E6

www.ingramcontent.com/pod-product-compliance
Lightning Source LLC
Chambersburg PA
CBHW070145080526
44586CB00015B/1851